DAMASUS BULLMANN

ERLEBTE BIBEL

3. TEIL

DIE ERZVÄTER

(Gen 25,11–50,26)

ALTES TESTAMENT – 3. TEIL

DIE ERZVÄTER – GEN 25,11–50,26

DAMASUS BULLMANN

ERLEBTE BIBEL

„ICH BIN DER HERR,
DER GOTT DEINER VORFAHREN ABRAHAM UND ISAAK.
DAS LAND, AUF DEM DU LIEGST,
WILL ICH DIR UND DEINEN NACHKOMMEN GEBEN.
SIE WERDEN SO UNZÄHLBAR SEIN WIE DER STAUB AUF DER ERDE
UND SICH NACH ALLEN HIMMELSRICHTUNGEN AUSBREITEN.
ICH WERDE DIR BEISTEHEN.
ICH BEWAHRE DICH, WO DU AUCH HINGEHST,
UND BRINGE DICH WIEDER IN DIESES LAND ZURÜCK.
ICH LASSE DICH NICHT IM STICH.
ALLES, WAS ICH VERSPROCHEN HABE, WERDE ICH TUN."

GEN 28,13–14a; 15

ÖSTERREICHISCHER KULTURVERLAG

Die Bibeltexte des Alten Testaments wurden dem Buch „Die gute Nachricht – Die Bibel in heutigem Deutsch" entnommen.
Die Abdruckerlaubnis wurde dankenswerterweise von der Deutschen Bibelgesellschaft, Stuttgart, erteilt.

Mit Druckerlaubnis der kirchlichen Oberen.

Herausgeber:
Franziskaner Missions-Verein in Bayern e. V.
Sankt-Anna-Straße 19, 8000 München 22.
Missionsprokurator P. Heribert Neumeier ofm.

Österreichischer Kulturverlag Thaur, Tirol
Druck: Thaurdruck, Giesriegl Ges.m.b.H.
A-6065 Thaur, Tirol.

ISBN 3-85395-098-X

„GOTT GEBE DIR DEN TAU VOM HIMMEL
UND MACHE DEINE FELDER FRUCHTBAR,
DAMIT SIE KORN UND WEIN IN FÜLLE TRAGEN!
NATIONEN SOLLEN SICH VOR DIR VERNEIGEN,
UND VÖLKER SOLLEN DEINE DIENER WERDEN.
DU WIRST DER HERRSCHER DEINER BRÜDER SEIN,
SIE MÜSSEN SICH IN EHRFURCHT VOR DIR BEUGEN.
WER DICH VERFLUCHT, DEN SOLL DAS UNGLÜCK TREFFEN;
DOCH WER DIR WOHLWILL, SOLL GESEGNET SEIN!"

DER SEGEN ISAAKS FÜR JAKOB
GEN 27,28–29

Zwei Nationen gehen von dir aus

Der Segen Gottes ging nach Abrahams Tod auf seinen Sohn Isaak über. Isaak wohnte beim Brunnen Lahai-Roi.
Rebekka aber bekam keine Kinder. Deshalb betete Isaak zum Herrn, und der Herr erhörte seine Bitte. Rebekka empfing Zwillinge. Aber als die Kinder einander im Mutterleib stießen, sagte sie: „Warum muß es mir so elend gehen?" Sie fragte den Herrn, und er gab ihr die Anwort:
„Zwei Völker trägst du jetzt in deinem Leib,
und zwei Nationen gehen von dir aus.
Die eine wird die andere unterwerfen:
der Erstgeborene wird dem Zweiten dienen."

Gen 25,11; 21–23

Wie Abrahams Frau Sara, so war auch Rebekka die Frau, die der Knecht Abrahams für den Sohn seines Herrn aus der Heimat mitgebracht hatte, kinderlos. Doch Jahwe erhört das Gebet Isaaks – allerdings früher als das Gebet Abrahams – und schenkt der unfruchtbaren Rebekka Zwillinge. Allerdings geschieht etwas Eigenartiges: Die Zwillinge stoßen im Mutterleib aneinander. Rebekka beunruhigt, befragt Jahwe. Wo und wie, wird nicht erzählt. Nur der Gottesspruch wird im Wortlaut mitgeteilt. Rebekka wird die Ahnfrau zweier Völker werden. Der eine wird dem anderen dienen, der Ältere dem Jüngeren.

Esau und Jakob

Als die Zeit der Entbindung kam, brachte Rebekka tatsächlich Zwillingsbrüder zur Welt. Der erste war am ganzen Körper mit rötlichen Haaren bedeckt; man nannte ihn Esau. Der zweite hielt seinen Bruder an der Ferse fest; darum nannte man ihn Jakob. Ihr Vater Isaak war 60 Jahre alt, als die beiden geboren wurden.

Gen 25,24–26

Die Geschichte der beiden Zwillinge beginnt mit einer Einleitung, die den Leser neugierig macht. Was wird aus diesen beiden wohl werden, wenn sie schon im Mutterschoß scheinbar um das Erstgeburtsrecht streiten? Sehr realistisch wird in den kurzen Sätzen des Berichtes gesagt, daß der eine keine Schönheit sei, sondern von rötlicher Hautfarbe und am ganzen Körper mit rötlichen Haaren bedeckt. Der zweite hielt seinen Bruder an der Ferse fest, etwas, was man sich wirklich wohl kaum vorstellen kann.

Herangewachsen, leben sich die beiden vollkommen auseinander. Der eine wird Jäger, seßhaft, an vorgegebene Ordnungen gebunden, der andere, skrupellos, listig, auf seinen Vorteil bedacht, ist Hirte.

Das Erstgeburtsrecht gegen Linsenmus

Die Kinder wuchsen heran. Esau wurde ein Jäger, der am liebsten in der Steppe umherstreifte. Jakob wurde ein Hirt, der bei den Zelten blieb. Ihr Vater, der gerne gebratenes Wild aß, hatte eine Vorliebe für Esau; Jakob aber war der Liebling der Mutter.
Als Esau einmal erschöpft nach Hause kam, hatte Jakob gerade Linsen gekocht. „Gib mir schnell etwas von dem roten Gericht", rief Esau, „ich bin ganz erschöpft!" Daher bekam Esau den Beinamen Edom.
Jakob sagte: „Du bekommst es nur, wenn du mir dafür auf der Stelle dein Erstgeburtsrecht abtrittst!"
„Ich bin am Verhungern", erwiderte Esau, „was nützt mir da mein Erstgeburtsrecht!"
„Das mußt du mir erst schwören!" sagte Jakob.
Esau schwor es ihm und verkaufte so sein Erstgeburtsrecht an seinen Bruder. Jakob aber gab ihm Linsensuppe und Brot.
Als Esau gegessen und getrunken hatte, stand er auf und ging weg. Sein Erstgeburtsrecht war ihm gleichgültig.
Gen 25,27–34

Zum Auseinanderleben der Zwillinge kommt noch die Parteinahme der Eltern hinzu. Der Vater liebt vor allem Esau, weil er gern Wild ißt, Jakob hingegen ist der Liebling der Mutter.
Die nun beginnende Handlung ist von derbem Realismus. Während der Hirte immer sein Essen gleichsam um sich herum hat, ist der Jäger von der erlegten Beute abhängig; wenn sie ausbleibt, muß er hungern. Das mag die Situation gewesen sein, in der sich Esau befand, als er völlig erschöpft zu Jakob kommt, der gerade dabei ist, Linsen zu kochen. Er ist so gierig aufs Essen, daß er gar nicht das Gericht benennen kann, sondern von dem roten Gericht spricht.
Sofort stellt der listige Jakob eine Bedingung: „Du bekommst nur von dem Gericht, wenn du mir auf der Stelle dein Erstgeburtsrecht abtrittst!" Ja, er läßt seinen Bruder sogar schwören, Jakob will eine absolute Bindung an das Wort, das Esau ihm gegeben.
Offenbar macht sich Esau nichts aus dem Erstgeborenenrecht, „er aß und trank, stand auf und ging davon", heißt es im Text.

Der Fluch soll auf mich fallen

Isaak war alt geworden und konnte nicht mehr sehen. Da rief er eines Tages seinen älteren Sohn zu sich. „Was willst du, Vater?" fragte Esau. Isaak sagte: „Ich bin alt und weiß nicht, wie lange ich noch lebe. Nimm deshalb Pfeil und Bogen, jage ein Stück Wild und bereite es mir zu, wie ich es gern habe. Ich will mich stärken, damit ich dich segnen kann, bevor ich sterbe."
Rebekka hatte das Gespräch mitangehört. Als nun Esau gegangen war, um für seinen Vater ein Wild zu jagen, sagte sie zu Jakob: „Hör, mein Sohn, und tu, was ich dir sage: Hol mir von der Herde zwei schöne Ziegenböckchen! Ich werde sie zubereiten, wie es dein Vater gern hat, und dann bringst du sie ihm, damit er sich stärkt und dich vor seinem Tod segnet."
„Aber Esaus Haut ist behaart und meine ist glatt", wandte Jakob ein. „Wenn mich nun mein Vater betastet, merkt er den Betrug, und statt mich zu segnen, verflucht er mich."
Rebekka beruhigte ihn: „Der Fluch soll auf mich fallen! Tu, was ich dir gesagt habe, und bring mir die Böckchen!"
Jakob holte sie, und seine Mutter bereitete sie zu, wie sein Vater es gern hatte. Dann holte Rebekka das Festgewand ihres Älteren, das sie bei sich aufbewahrte, und zog es Jakob an. Die Felle der Böckchen legte sie ihm um die Handgelenke und um den glatten Hals. Dann gab sie ihm den Braten und dazu frisches Brot.

Gen 27,1–5; 8–17

Kaum war Esau mit seinem Jagdgerät auf die Pirsch gegangen, um das Gewünschte für den alten Vater zu erlegen, tritt Rebekka auf den Plan, um zu vereiteln, daß Esau vom Vater den Erstgeborenensegen bekommt. Durch die Zeltwand hatte sie alles mitgehört, was der Vater seinem Sohn aufgetragen hatte. Sie erzählt davon sofort ihrem Lieblingssohn Jakob. Sie unterbreitet ihrem Sohn einen Plan, der im höchsten Maße skrupellos und unmoralisch ist. Sie will ihren eigenen Mann, einen Blinden, irreführen und so seine Blindheit ausnützen. Das verstößt gegen die Menschlichkeit und gegen Gottes Gebot. Soweit kann falsch und fehlgeleitete Mutterliebe gehen! Wie oft hat man schon im Laufe der Geschichte Ähnliches erfahren!
Jakob erkennt das Unmoralische am Plan der Mutter und hat seine berechtigten Bedenken. Er hat Angst, der Vater könnte ihn doch erkennen, und dann würde aus dem Segen für ihn der Fluch des Vaters. Jetzt geht Rebekka noch einen Schritt weiter und ist bereit, den Fluch des Vaters auf sich zu nehmen, wenn nur ihr Liebling gesegnet wird! Sie weiß aber genau, daß es zu einem solchen Fluch nicht kommen wird, denn ihr Plan ist mit aller Durchtriebenheit ausgeheckt. Sie macht Jakob wenigstens äußerlich zum Esau. Die Ziegenböckchen, die sie bereiten will, sollen dem Blinden als Nahrung und als Tarnung dienen. Jakob wird zum Spielball seiner raffinierten Mutter. Es kann also auch das Böse im heiligen Zweck sichtbar und ausgenützt werden. Es soll ja hier – das dürfen wir nicht vergessen – der Segen eines Erzvaters, in dem die göttlichen Verheißungen inbegriffen sind, erschlichen werden! Immer wird solche Versuchung für alle – die Diener der Kirche nicht ausgenommen – groß sein. Auch die Erwählten Gottes sind Menschen und Versuchungen unterworfen. Was hier unter scheinbar „frommen" Vorzeichen geschieht, sollte uns nicht zu sehr entrüsten!

Schamloser Betrug

Jakob ging zu seinem Vater und begrüßte ihn. „Welcher von meinen Söhnen bist du?" fragte Isaak. „Esau, dein Erstgeborener", erwiderte Jakob. „Ich habe deinen Wunsch erfüllt. Setz dich auf und iß von meinem Wild, damit du mich segnen kannst." „Wie hast du so schnell etwas gefunden, mein Sohn?" fragte Isaak, und Jakob erwiderte: „Der Herr, dein Gott, hat es mir über den Weg laufen lassen."
„Tritt näher", sagte Isaak, „ich will fühlen, ob du wirklich mein Sohn Esau bist." Jakob trat zu seinem Vater. Der betastete ihn und sagte: „Der Stimme nach ist es Jakob, aber den Händen nach Esau." Er erkannte ihn nicht; denn Jakobs Hände waren behaart wie die seines Bruders.
Aber noch einmal fragte Isaak: „Bist du wirklich mein Sohn Esau?" Und Jakob antwortete: „Ja."
So segnete Isaak seinen Sohn Jakob. Gen 27,18–23a; 24

Jakob hat sich also von seiner Mutter überreden lassen, das Ungeheuerliche zu tun. Von seiner Mutter als Esau maskiert, tritt er mit den Ziegenböcklein vor seinen blinden Vater. Der große Betrug nimmt seinen Lauf!
Nicht wahr, darin können wir Menschen Meister sein!
Dennoch sind einige Einzelheiten interessant:
Der blinde Vater bittet zweimal seinen Sohn, näher zu ihm heranzutreten. Zweimal vergewissert er sich, ob der eben Eingetretene auch wirklich sein Sohn Esau sei. Einmal, indem er ihn abtastet, das andere Mal will er gleichsam die Witterung seines Sohnes Esau aufnehmen, indem er an ihm riecht. Zweimal fragt der Vater, ob er auch wirklich sein Sohn Esau sei, und zweimal segnet er ihn dann.
Man muß sich fragen, warum alles zweimal geschieht. Hat der alte, blinde Vater vielleicht etwas gemerkt? Auch fragt er seinen Sohn, wie er es so schnell bewerkstelligt habe, das geeignete Wildbret zu finden. Blinde Menschen sind ungeheuer sensibel und merken oft sehr schnell, wenn etwas nicht stimmt. An der Stimme erkennt er, daß es wohl Jakobs, nicht Esaus Stimme sei. Fast möchte man meinen, hat der Vater den Betrug aufgedeckt, aber dann läßt er sich doch wieder täuschen. Rebekka hat mit ihrer List gesiegt. Dazu kommen noch zwei dreiste und blasphemisch klingende Lügen Jakobs dazu. Zweimal gibt er sich als Esau aus und hat für das schnelle Jagdglück sogar eine religiöse Erklärung: Jahwe habe ihn das Wild so schnell erlegen lassen.

NEDIX·YSA
B·FILIV·SVV:

Der erlistete Segen

Dann sagte Isaak: „Komm her, mein Sohn, und küsse mich!" Jakob tat es. Als Isaak den Duft seiner Kleider roch, sprach er das Segenswort:
„Mein Sohn, du duftest kräftig wie die Flur,
wenn sie der Herr mit seinem Regen tränkt.
Gott gebe dir den Tau vom Himmel
und mache deine Felder fruchtbar,
damit sie Korn und Wein in Fülle tragen!
Nationen sollen sich vor dir verneigen,
und Völker sollen deine Diener werden.
Du wirst der Herrscher deiner Brüder sein,
sie müssen sich in Ehrfurcht vor dir beugen.
Wer dich verflucht, den soll das Unglück treffen;
doch wer dir wohlwill, soll gesegnet sein!"

Gen 27,26–29

Es ist geradezu großartig, wie der blinde Greis und Erzvater Isaak sich beim Küssen seines vermeintlichen Sohnes Esau erst dem Erdgeruch der Kleider Esaus überläßt und dabei im Geiste den Geruch des von Gott gesegneten Verheißungslandes aufnimmt. Die ganze Tragik leuchtet erst im Segen selbst auf, nämlich Jakob, und nicht Esau, soll Gebieter über seine Brüder werden. Der über den vermeintlichen Esau gesprochene Segen muß so für den wirklichen Esau zum Fluch werden. Aber auch der greise Vater selbst ist bei diesem Segen zu einer tragischen Gestalt geworden, denn wenn er sagt, daß verflucht sein sollen, die den angeblichen Esau – in Wahrheit Jakob – verfluchen, so würde sich der Vater den eigenen Fluch zuziehen, wenn er nach Entdeckung des großen Betruges Jakob verfluchen würde.
Nach unserer heutigen Rechtsauffassung wäre der erlistete Segen ungültig, nicht aber nach dem alttestamentlichen Denken. Segensworte sind immer wirksame Worte, gleichgültig, ob der Segnende oder der Gesegnete würdig ist. Der Spender des Segens ist immer der Mittler, durch den Gott selbst segnet. So gesehen wird der erlistete Segen zur Fügung Gottes in der Geschichte seines Volkes. Nach dem heiligen Augustinus bleibt der Betrug Rebekkas und Jakobs als zu verantwortende Tat Betrug und Sünde, aber dennoch als Fügung Gottes ein Geheimnis.

Der Betrug wird offenbar

Kaum aber war Jakob hinausgegangen, da kam Esau von der Jagd zurück. Auch er bereitete ein gutes Gericht, brachte es zu seinem Vater und sagte: „Setz dich auf, mein Vater, und iß von meinem Wild, damit du mich segnen kannst." „Wer bist denn du?" fragte Isaak. „Dein Sohn Esau, dein Erstgeborener", bekam er zur Antwort. Isaak begann vor Schreck heftig zu zittern und fragte weiter: „Wer war dann der, der von mir ging, ehe du kamst? Auch er hat ein Wild gejagt und es mir gebracht; ich habe davon gegessen und ihn gesegnet – und ich kann mein Wort nicht mehr zurücknehmen!
Ich habe ihn zum Herrscher über dich gemacht; alle seine Brüder müssen ihm dienen. Mit Korn und Wein habe ich ihn reichlich versehen. Was bleibt mir da noch für dich, mein Sohn?" Esau sagte: „Hast du denn nur einen Segen, Vater? Segne auch mich!" Und er begann laut zu weinen. Da sagte Isaak:
„Weit weg von guten Feldern wirst du wohnen,
kein Tau vom Himmel wird dein Land befeuchten,
ernähren mußt du dich mit deinem Schwert!
Du wirst der Sklave deines Bruders sein;
doch eines Tages stehst du auf und wehrst dich
und wirfst sein Joch von deinen Schultern ab!"

Gen 27,30b–33; 37–40

Kaum hat der falsche Esau, ausgestattet mit dem erlisteten Segen, seinen blinden Vater verlassen, kommt der wahre Esau mit seiner erjagten Beute heim und richtet dem Vater das Essen, wie er es gern hat und sich von ihm wünschte. Nachdem er aber zu seinem Vater eingetreten ist, ist die Bestürzung groß, als das hinterlistige Vorgehen seines Bruders bekannt wird. Wir können sehr gut verstehen, wie der überlistete Esau in Rage gerät, wie auch Isaak heftig zu zittern beginnt. Zweimal hat Jakob nun schon Esau hintergangen; einmal, als er Esau das Erstgeburtsrecht für einen Linsenbrei abkaufte, und nun, wo er sich auch den Erstlingssegen erschwindelt hat.
Der Vater bedauert, sein Segenswort nicht mehr zurücknehmen zu können. Alle Brüder müssen fortan Jakob dienen. Esau, dem der Segen des Vaters offenbar viel bedeutet, fragt in seiner Not, ob der Vater nur diesen einen Segen habe. Er möge doch auch ihn segnen!
Das zeugt von einer tiefen Religiosität des Esau. Der Segen bedeutet ihm noch etwas!
Darf man fragen, was bedeutet uns Christen heute noch der Segen, etwa der Segen Gottes, der Kirche, des Priesters, der Eltern? Früher hat man gesagt: „An Gottes Segen ist alles gelegen!" – Heute meinen wir nur zu schnell, alles aus eigener Kraft erreichen zu können. Oder – wenn es nach unserem Willen geht, ist alles recht und gut; aber wehe, wenn uns etwas trifft, das zunächst nicht nach dem Segen Gottes aussieht! Wenn es anders kommt, als wir es uns gedacht haben!
„Segne auch mich!" bittet Esau seinen Vater. Der läßt sich erweichen, aber wie sieht dieser zweite väterliche Segen aus? Jedes Wort ist eher ein Fluch als ein Segen: schlechte Felder, kein Tau vom Himmel, kein Frieden und keine Freiheit. Nicht Herr, sondern Sklave des Bruders ist die Zukunft Esaus. Erst später einmal wird er das Joch von seinen Schultern abwerfen können.

39

Jakob muß fliehen

Esau konnte es Jakob nicht vergessen, daß er ihn um den väterlichen Segen gebracht hatte. Er faßte den Plan, seinen Bruder umzubringen. „Ich warte nur noch, bis mein Vater unter der Erde ist", sagte er.
Als Rebekka davon erfuhr, ließ sie Jakob rufen und sagte zu ihm: „Dein Bruder Esau will sich an dir rächen und dich umbringen. Darum tu, was ich dir sage: Flieh nach Haran zu meinem Bruder Laban! Bleib einige Zeit dort, bis sich der Zorn deines Bruders gelegt hat und er nicht mehr daran denkt, was du ihm angetan hast. Sobald du wieder zurückkehren kannst, werde ich dir Nachricht schicken. Ich will euch doch nicht beide an einem Tag verlieren!" Gen 27,41–45

Es scheint zunächst ganz natürlich, daß Esau auf seinen Bruder Jakob böse ist und ihn ob des Betruges haßt. Der Haß geht soweit, daß er den Plan faßt, ein zweiter Kain zu werden und seinen Bruder einfach umzubringen. Dann hat er das Joch von sich abgeschüttelt! So meint er – aber wenn wir alle totschlagen würden, die uns etwas zu leide getan haben – die Welt wäre ein einziges Zuchthaus.
Wieder schaltet sich Rebekka ein. Sie besinnt sich, daß sie ja zwei Söhne hat und nicht nur ihren Lieblingssohn. Beide will sie nicht verlieren, den einen durch Brudermord und den anderen durch die Flucht. Wieder steht sie ihrem Lieblingssohn beratend zur Seite und rät ihm, nach Haran zu ihrem Bruder Laban zu fliehen. Sie würde ihn dann wieder zurückrufen, wenn der Zorn des Bruders verflogen sei. Jakob befolgt diesen Rat. Aber seine Mutter Rebekka hat er nie mehr in seinem Leben wiedergesehen. Zwanzig Jahre sollte er in der Fremde bleiben. Urteil Gottes über das Komplott, das Mutter und Sohn miteinander betrieben hatten.

Jakobs Frau soll aus der alten Heimat stammen

Da rief Isaak seinen Sohn Jakob zu sich. Er segnete ihn und sagte: „Du darfst auf keinen Fall eine Frau aus dem Land Kanaan heiraten! Geh nach Mesopotamien zur Familie deines Großvaters Betuël und nimm dir eine von den Töchtern deines Onkels Laban zur Frau. Der Gott, der alle Macht hat, wird dich segnen und dir viele Nachkommen schenken, so daß aus dir einst eine ganze Schar von Völkern wird. Auf dich und deine Nachkommen wird der Segen übergehen, den Abraham empfangen hat: Ihr werdet das Land in Besitz nehmen, in dem du als Fremder gelebt hast und das Gott einst Abraham zugesprochen hat."
Nachdem Isaak ihn verabschiedet hatte, ging Jakob ins obere Mesopotamien zu Laban, dem Sohn des Aramäers Betuël und Bruder seiner Mutter Rebekka.

Gen 28,1–5

Psalm 23

Du bist mein Hirt

Du, Herr, bist mein Hirt;
darum kenne ich keine Not.
Du bringst mich auf saftige Weiden,
läßt mich ruhen am frischen Wasser
und gibst mir neue Kraft.

Auf sicheren Weg leitest du mich,
dafür bürgst du mit deinem Namen.
Und geht es auch durchs dunkle Tal –
ich habe keine Angst!

Du, Herr, bist bei mir;
du schützt mich und führst mich,
das macht mir Mut.

Vor den Augen meiner Feinde
deckst du mir deinen Tisch;
als Gast nimmst du mich bei dir auf
und füllst mir den Becher randvoll.

Deine Güte und Liebe umgeben mich
an allen kommenden Tagen;
in deinem Haus darf ich nun bleiben
mein Leben lang.

Jakob sieht den Himmel offen

Jakob machte sich auf den Weg von Beërscheba nach Haran. Als die Sonne unterging, beschloß er, an dem Platz, an dem er gerade war, zu übernachten. Unter den Kopf legte er einen der Steine, die dort herumlagen.
Während er schlief, sah er im Traum eine breite Treppe, die von der Erde bis zum Himmel reichte. Engel kamen auf ihr zur Erde herunter, andere stiegen wieder zum Himmel hinauf. Der Herr selbst stand auf der Treppe und sagte zu ihm: „Ich bin der Herr, der Gott deiner Vorfahren Abraham und Isaak. Das Land, auf dem du liegst, will ich dir und deinen Nachkommen geben. Sie werden so unzählbar sein wie der Staub auf der Erde und sich nach allen Himmelsrichtungen ausbreiten. An der Stellung zu dir und deinen Nachkommen wird sich für alle Menschen Glück und Segen entscheiden. Ich werde dir beistehen. Ich bewahre dich, wo du auch hingehst, und bringe dich wieder in dieses Land zurück. Ich lasse dich nicht im Stich. Alles, was ich versprochen habe, werde ich tun."
Früh am Morgen stand Jakob auf. Den Stein, auf dem er gelegen hatte, stellte er als Steinmal auf und goß Öl darüber, um ihn zu weihen. Er nannte die Stätte Bet-El (Haus Gottes); vorher hieß der Ort Lus.

Gen 28,10–15; 18–19

Jakob ist dem Rat seiner Mutter Rebekka gefolgt und hat sich auf den Weg nach Haran in Nordwestmesopotamien gemacht. Eine schöne Wegstrecke, etwa 1250 Kilometer Luftlinie. Er kommt zunächst bis Beërscheba, und da es Abend wird, sucht er sich unter freiem Himmel eine Stelle als Übernachtungsmöglichkeit. Ein dort gerade herumliegender Stein dient ihm als Kopfunterlage. Was so ganz natürlich und alltäglich aussieht, ist doch, wie es sich bald herausstellen wird, Fügung Jahwes.
Jakob legt sich nach der langen Wanderung nieder, schläft ein und erlebt im Traum eine Gotteserscheinung. Gott gewährt dem flüchtigen Jakob einen Blick in den Himmel. Jakob sieht im Traum eine Leiter, die von der Erde bis in den Himmel reicht. Auf der Leiter befinden sich Engel, die auf- und niedersteigen. Oben auf der Treppe steht Gott selbst.
Mit einer großen Segensverheißung hatte Jahwe Abraham aus seiner Heimat in ein unbekanntes Land und eine ungewisse Zukunft gesandt. Nun ist sein Enkel gezwungen, auf der Flucht vor seinem eigenen Bruder das verheißene Land wieder zu verlassen, um in die Heimat Abrahams zurückzukehren. Und Jakob ist doch der Träger des Erstgeborenensegens, wenn er ihn sich auch durch List erschwindelt hat. War wirklich alles vergebens, Abrahams Segensverheißung, sein Glaubensgehorsam?
Der Gott Abrahams bekennt sich zu seinen gegebenen Verheißungen, indem er sie teilweise wörtlich wiederholt und auch dem flüchtigen und sündigen Jakob zuspricht: die Verheißung des Landes, die Verheißung zahlreicher Nachkommenschaft, die Verheißung des Segens für alle Geschlechter und schließlich die Beistandsverheißung.
Als Jakob erwacht, ist er erstaunt und verwundert über diese Gottesbegegnung. Er weiht den Stein, auf dem er lag, und nennt den Ort Bet-El, d. h. Haus Gottes.

acumen et tangens celu. anglos q[uo]q[ue] d[e]i ascendentes [et] descendentes p[er] eam. d[omi]n[u]mq[ue] innixu[m] scale.

Jakob kommt zu Laban

Jakob machte sich auf den Weg und wanderte weiter nach Osten, der Heimat seiner Mutter zu. Eines Tages kam er am Rand der Steppe zu einem Brunnen, aus dem die Hirten der Gegend ihr Vieh tränkten.
„Wo seid ihr zu Hause?" fragte Jakob die Hirten. „In Haran", antworteten sie. Er fragte weiter: „Kennt ihr dort Laban, den Sohn des Nahors?" „Gewiß", sagten sie. „Geht es ihm gut?" wollte Jakob wissen. „O ja", war die Antwort; „da drüben kommt gerade seine Tochter Rahel mit ihrer Herde!"
Inzwischen war Rahel mit der Herde herangekommen. Laban hatte ihr seinen ganzen Viehbesitz anvertraut. „Ihr Vater ist der Bruder meiner Mutter", dachte Jakob, „und dies ist seine Herde!" Er ging zum Brunnen, schob allein den Stein zur Seite und tränkte Labans Vieh. Dann küßte er Rahel. Er war so bewegt, daß er in Tränen ausbrach. Er sagte ihr, daß er ein Sohn Rebekkas und mit ihrem Vater verwandt sei; und sie lief zu ihrem Vater und erzählte es ihm. „Der Sohn meiner Schwester!" rief Laban und lief Jakob entgegen. Er umarmte und küßte ihn und nahm ihn mit sich in sein Haus. Jakob erzählte ihm, was ihn hergeführt hatte. Als Laban alles gehört hatte, sagte er zu Jakob: „Ja, du bist wirklich mein eigen Fleisch und Blut!" Gen 29,1–2a; 4–6; 9–14

Nach dem Gotteserlebnis und der Gottesverheißung in Bet-El ist Jakob weitergewandert. Die Strecke von 1250 Kilometer ist ja nicht gerade eine Kleinigkeit. Langsam kommt er in das Gebiet um Haran. In der Steppe sieht er einen Brunnen. Brunnen sind immer Treffpunkt der Hirten der Umgebung. Jahwes Führung auf dem ganzen Weg, den der Flüchtling bisher gemacht hat, ist großartig!
Vertrauen auch wir uns immer der treuen Sorge Gottes an? Der Herr sagt uns: „Was seid ihr so ängstlich besorgt!?"
Am Brunnen trifft Jakob tatsächlich Hirten aus Haran, die seinen Onkel Laban kennen und auf Rahel, dessen Tochter, warten, die schon mit der Herde des Vaters in der Nähe ist. Und es dauert nicht lange, bis sie mit der Herde am Brunnen eintrifft.
Ohne Rücksicht auf die Hirten und ihre Gewohnheiten am Brunnen schiebt Jakob den schweren Stein von der Öffnung des Brunnens und tränkt die Herde Rahels. Dieses Bemühen mußte doch auf Rahel Eindruck machen. Klug und berechnend war er ja schon immer! Jetzt erst küßt und begrüßt er seine Verwandte unter Freudentränen, und nun erst versteht Rahel, warum dieser Mann sich so um ihre Herde gesorgt hat. Sie läuft sofort heim, um dem Vater den unverhofften Besuch des Verwandten zu melden. Laban läßt alles stehen und liegen und eilt seinem Neffen entgegen, um ihn in sein Haus zu begleiten.
Nachdem Jakob ihm seine Geschichte erzählt hat, anerkennt ihn Laban als seinen Verwandten, als „sein Fleisch und Blut".
Einen Monat durfte Jakob als Gast bei Laban bleiben, Zeit genug für Gottes weitere Fügungen.

Jakob muß zweimal um Rahel dienen

Jakob war nun schon einen Monat lang im Haus seines Onkels und half ihm bei der Arbeit. Eines Tages sagte Laban zu ihm: „Du sollst nicht umsonst für mich arbeiten, nur weil du mein Verwandter bist. Was willst du als Lohn haben?" Nun hatte Laban zwei Töchter, die ältere hieß Lea, die jüngere Rahel. Lea hatte glanzlose Augen, Rahel aber war überaus schön. Jakob liebte die Jüngere, und so sagte er: „Gib mir Rahel! Ich will ihretwegen sieben Jahre für dich arbeiten." Laban sagte: „Ich gebe sie lieber dir als einem Fremden. Bleib so lange bei mir!"
Jakob arbeitete sieben Jahre, um Rahel zu bekommen, und weil er sie so sehr liebte, kamen ihm die Jahre wie Tage vor. Danach sagte er zu Laban: „Die Zeit ist um. Gib mir jetzt die Frau, um die ich gearbeitet habe! Ich will mit ihr Hochzeit halten." Laban lud alle Leute im Ort zur Hochzeitsfeier ein. Aber am Abend führte er nicht Rahel, sondern Lea ins Brautgemach, und Jakob schlief mit ihr. Als Dienerin gab Laban ihr seine Magd Silpa.
Als Jakob am Morgen erkannte, daß es Lea war, stellte er Laban zur Rede: „Warum hast du mir das angetan? Ich habe doch um Rahel gearbeitet! Warum hast du mich betrogen?" „Es ist bei uns nicht Sitte", erwiderte Laban, „die Jüngere vor der Älteren wegzugeben. Verbringe jetzt mit Lea die Hochzeitswoche, dann gebe ich dir Rahel noch dazu. Du wirst dann für sie noch einmal sieben Jahre arbeiten.
Jakob ging darauf ein. Gen 29,14b–28a

Jakob hat als Gast einen Monat im Hause seines Onkels gewohnt und ist nun in seine Dienste getreten. Wie soll ihn nun Laban als seinen Verwandten entlohnen? Umsonst soll der Neffe nicht arbeiten, das wäre ja auch heute bei uns nicht möglich. Laban schlägt vor, der Neffe möge seinen Lohn selbst bestimmen. Der schlaue Fuchs will Jakob möglichst lange behalten, denn er rechnet damit, daß sein Neffe – so unter Verwandten – nicht zu viel Lohn verlangen wird. Zudem mag Laban nicht entgangen sein, daß Jakob Rahel liebgewonnen hatte. Es wird auch im Text die Verschiedenheit der beiden Töchter Labans eingefügt, die eine mit „glanzlosen Augen", die andere als Schönheit. Laban hat richtig gerechnet. Jakob will sich Laban für sieben Jahre verdingen, wenn er Rahel zur Frau dafür bekommt. Laban geht auf dieses Geschäft ein, zumal man unter Nomaden es lieber sieht, wenn ein Verwandter die Tochter heiratet.
Sieben Jahre sind eine lange Zeit, aber es wird ausdrücklich betont, daß Jakobs Liebe zu Rahel die Zeit des Wartens und Dienens wie im Fluge vergehen ließ. Strohfeuer verbrennen schnell, aber verhalten glimmende Glut hält an.
Nach sieben Jahren fordert Jakob seinen Lohn – Rahel. Laban veranstaltet auch nach orientalischer Sitte ein großes Fest, ein Festmahl und Trinkgelage. Alle Männer von Haran finden sich ein, eine solche Hochzeit muß gefeiert werden. Doch was für eine Hochzeit! Die Braut ist nicht Rahel, sondern Lea! Laban vollführt einen Schurkenstreich erster Güte, es ist ein Meisterwerk frivoler Tücke. Die dem trunkenen Bräutigam Jakob zugeführte, tiefverschleierte Braut ist Lea. Der Lohn für sieben Jahre Arbeit ist also Erniedrigung und Blamage für Jakob.
Sein Protest bei Laban verpufft in Nichts, denn die Ehe mit Lea ist rechtsgültig vollzogen. Laban hat auch hier schon einen Plan: Jakob solle für die Dauer der Hochzeit (eine Woche) mit Lea zusammenbleiben und dann Rahel heiraten, allerdings um den Preis des Dienstes bei ihm auf weitere sieben Jahre. Was soll der hintergangene Jakob machen? Er willigt aus Liebe zu Rahel in die Erpressung ein.

Jakobs Frauen und Söhne

Lea, die Ungeliebte, gebar Jakob sechs Söhne: Ruben, Simeon und Levi, Juda, Issachar und Sebulon, und eine Tochter: Dina. Um ihm noch mehr Kinder zu schenken, legte sie ihre Magd Slipa zu ihm, und auch sie brachte zwei Knaben zur Welt: Gad und Asser. Rahel aber war unfruchtbar; nur ihre Magd Bilha hatte, stellvertretend für sie, dem Jakob zwei Söhne geboren: Dan und Naftali. Da endlich dachte Gott an Rahel: Er erhörte ihr Gebet und ließ sie ein Kind empfangen. Sie brachte einen Sohn zur Welt und sagte: „Gott hat meine Schande von mir genommen. Möge er mir noch einen Sohn dazugeben!" Und sie nannte ihn Josef.

Gen 29,31–30,24 (Zusammenfassung)

Wird Jahwe die in Bet-El gegebene Verheißung der zahlreichen Nachkommenschaft nun bei Rahel einlösen? Zunächst weitgehend nicht so, wie es sich Jakob vorgestellt hat. Gottes Gedanken sind nicht unsere Gedanken! Der Kindersegen liegt in dieser eigenartigen, aber zu damaligen Zeiten erlaubten Ehe bei Lea, der Ungeliebten. Rahel ist vorerst unfruchtbar, was damals als Schande galt. Kann Lea, nun, da sie Jakob sieben Kinder gebar, ihn für sich gewinnen? Nein. Sie hat die Eifersucht ihrer Schwester entfacht, der die Erfüllung ihres Frau-Seins in der Mutterschaft versagt geblieben war. Rahel greift nun zum damals erlaubtend Adoptionsritus. Jakob soll ihr über die Leibmagd Bilha zu Kindern verhelfen. Tatsächlich werden aus dieser Verbindung zwei Söhne geboren. Doch auch Lea macht davon Gebrauch, und ihre Magd Slipa schenkt Jakob ebenfalls zwei Knaben.

Doch zuletzt wird Rahel erhört und Mutter durch die Macht Jahwes. Endlich darf sie Jakob einen Sohn schenken, einen besonderen, wie wir sehen werden, und sie dankt es ihrem Gott durch den Namen, den sie ihrem Kind gibt: Josef, d. h. hinwegnehmen. „Gott hat meine Schande von mir genommen!"

Man mag heute über diese im alten Israel und darüber hinaus im ganzen Orient gängige Wertung der Kinderlosigkeit lächeln. Bedeutet aber die heute verschiedentlich so propagierte Emanzipation der Frau, auch von ihrer Mutterrolle her, wirklich einen Fortschritt? Ist nicht gerade der Kindersegen die gottgewollte und gottgegebene Erfüllung und Vollendung der Frau?

Jakobs heimlicher Aufbruch

Jakob ließ Rahel und Lea zu sich auf die Weide rufen. Er sagte zu ihnen: „Ich merke genau, daß euer Vater mir nicht mehr so freundlich begegnet wie früher. Aber der Gott meines Vaters hat mir nun einmal all diesen Reichtum geschenkt. Ihr wißt selbst, wie ich mit meiner ganzen Kraft für euren Vater gearbeitet habe. Er hat mich betrogen und meinen Lohn immer wieder verändert; aber Gott hat nicht zugelassen, daß er mir schaden konnte. Wenn euer Vater sagte: ‚Du bekommst die Gesprenkelten als Lohn', wurden lauter gesprenkelte Tiere geboren; und wenn er sagte: ‚Nein, die Gestreiften', gab es lauter gestreifte. Gott selbst hat die Herden eurem Vater genommen und mir gegeben. Während der Brunstzeit der Tiere sah ich im Traum, daß die Böcke, die die Schafe und Ziegen besprangen, gestreift, gesprenkelt und gescheckt waren. Der Engel Gottes rief mich im Traum beim Namen, und als ich antwortete, sagte er: ‚Sieh genau hin: alle Böcke sind gestreift, gesprenkelt und gescheckt; denn ich habe gesehen, was Laban dir antut. Ich bin der Gott, der in Bet-El wohnt; dort hast du mir einen Stein geweiht und ein Gelübde getan. Zieh jetzt aus diesem Land fort und geh in deine Heimat zurück.'"

Rahel und Lea antworteten Jakob: „Was haben wir noch von unserem Vater zu erwarten? Er hat uns wie Fremde behandelt; verkauft hat er uns, und das Geld hat er für sich verbraucht. Uns und unseren Kindern steht zu, was Gott unserem Vater weggenommen hat. Tu, was Gott dir gesagt hat!"

Da setzte Jakob seine Frauen und Kinder auf die Kamele, nahm sein ganzes Vieh und alles, was er in Mesopotamien erworben hatte, und machte sich auf den Weg ins Land Kanaan zu seinem Vater Isaak. Da Laban gerade zur Schafschur gegangen war, benutzte Rahel die Gelegenheit und entwendete aus seinem Haus die kleinen Götterfiguren.

Jakob hielt seinen Aufbruch vor Laban geheim. Fluchtartig machte er sich auf und davon, überquerte den Eufrat und zog in Richtung auf das Bergland Gilead. Gen 31,4–21

Zwei Beweggründe sind es, die Jakob veranlassen, Haran und damit Laban den Rücken zu kehren. Erstens der Anruf Gottes selbst und dann die bösen Reden der Söhne Labans, die sich unter Jakob um ihren Besitz gebracht wähnten. Das merkt Jakob sehr genau. Aber was soll er tun? Wieder fliehen? Er war doch schon einmal vor seinem Bruder geflohen. Und wohin soll er gehen? Da ist es wiederum Jahwe, der ihm sagt, was er tun soll. Er gebietet ihm die Heimkehr nach Kanaan.

Jakob ist rechtmäßig zu seinem großen Besitz gekommen. Und er weiß, Laban wird ihn nicht ziehen lassen. Jakob ruft also heimlich seine beiden Frauen aufs Feld, um sie in seine Pläne einzuweihen. Jakob sagt ihnen gerade heraus, daß ihr Vater Laban ihn betrogen habe. Aber der Krug geht solange zum Brunnen, bis er bricht. Gott steht auf der Seite des Redlichen. Gott will, daß sie nun heimkehren, und Jahwe kann man sich nicht verweigern. Auch Rahel und Lea geben zu erkennen, daß sie sich bei ihrem Vater „als Fremde" fühlen, der auch sie um die Mitgift betrogen habe. Auch sie sind bereit, mit Jakob zu fliehen. So bricht denn Jakob mit Rahel und Lea, seinen Kindern und seinen Viehherden auf. Laban war gerade drei Tagreisen weit fort mit der Schafschur beschäftigt. Als er von der Flucht Jakobs erfährt, war der schon drei Tagreisen weit fort. Sofort nimmt Laban die Verfolgung auf und holt Jakob noch gerade am äußersten Ende seines Bereiches, im Bergland von Gilead, ein.

Gott schützt Jakob vor Laban

Nachts erschien Gott Laban im Traum und sprach: „Ich warne dich: Tu Jakob nichts an und bedrohe ihn auch nicht!“ Am nächsten Morgen nun trafen sie zusammen, und Laban machte Jakob die bittersten Vorwürfe, daß er heimlich fortgegangen sei, ihm seine Enkel und Töchter entführt und zudem seine Götzenbilder gestohlen habe. Davon allerdings wußte Jakob nichts, denn Rahel hatte die Bilder insgeheim mitgenommen. Nur die nächtliche Warnung des Herrn hielt Laban davon ab, seinem Zorn freien Lauf zu lassen. Jakob aber ergrimmte auch und sprach aus, was er auf dem Herzen hatte: daß er zwanzig Jahre lang gedient habe, vierzehn um die Töchter, sechs um die Schafe, daß Laban durch ihn reich geworden sei und ihn doch immer wieder geprellt habe.
Schließlich versöhnten sie sich und schlossen im Namen des Herrn einen Bund miteinander: Jakob durfte in Frieden ziehen, aber er mußte Laban versprechen, dessen Töchter auch in der Fremde stets würdig zu behandeln. Danach kehrte Laban heim in sein Land. Jakob hingegen bereitete sich auf die Begegnung mit seinem Bruder Esau vor, der im Land Seir im Gebiet von Edom weilte.

Gen 31,22–54 (Zusammenfassung)

Psalm 17
Gebet eines unschuldig Verfolgten:

Herr, ich suche deine Gerechtigkeit!
Höre meine Klage, nimm meine Bitte an;
Dein Urteil wird mich freisprechen,
weil du siehst, daß ich ehrlich und redlich bin.

Du kennst meine Gedanken.
Heute nacht wirst du kommen,
du wirst mich bis ins kleinste durchforschen
und wirst nichts finden, was du tadeln müßtest.
Mein Denken ist nicht anders als mein Reden.
Bei meinem ganzen Tun und Treiben
hab ich mich stets nach deinem Wort gerichtet
und niemals nach dem Vorbild der Verbrecher.
Ich habe mich an deinen Weg gehalten
und bin nicht einen Schritt davon abgewichen.

Ich wende mich an dich, mein Gott,
ich weiß, daß du mir Antwort gibst.
Nun wende dich mir zu, hör meine Worte!
Erweise mir deine wunderbare Güte,
du Retter aller, die sich zu dir flüchten
vor Menschen, die sich gegen dich auflehnen.
Bewahre mich, wie man sein eigenes Auge schützt,
und gib mir Zuflucht unter deinen Flügeln!
Du siehst meine Feinde, diese Verbrecher;
sie kreisen mich ein, sie wollen mich vernichten!

Ihr Herz ist ohne jedes Mitgefühl,
ihr Mund führt vermessene Reden.
Jetzt umzingeln sie mich und starren mich an,
sie lauern darauf, mich niederzustrecken,
wie gierige Löwen, zum Sprung bereit,
lüstern auf Beute, um sie zu zerreißen.

Steh auf, Herr! Stell dich gegen sie!
Zwing sie zu Boden, diese Schurken,
und rette mich mit deinem Schwert!
Befrei mich von ihnen mit deiner starken Hand!
Gib ihnen, was sie verdient haben;
es ist bestimmt genug, um ihren Bauch zu füllen.
Auch ihre Kinder werden davon satt,
es reicht sogar noch für die Enkel aus.

Ps 17,1a;2–14

Jakob bereitet sich auf die Begegnung mit Esau vor

Jakob sandte Boten voraus zu seinem Bruder Esau, der sich im Gebirge Seïr im Land Edom aufhielt. Sie sollten seinem Bruder ausrichten: „Dein ergebener Diener Jakob läßt dir sagen: ‚Ich bin die ganze Zeit bei Laban gewesen und komme jetzt zurück. Ich habe reichen Besitz erworben: Rinder, Esel, Schafe und Ziegen, Sklaven und Sklavinnen. Ich lasse es dir, meinem Herrn, melden und hoffe, daß du mich freundlich aufnimmst.'"
Die Boten kamen zurück und berichteten Jakob: „Wir haben Esau deine Botschaft ausgerichtet. Er ist schon auf dem Weg zu dir; 400 Mann hat er bei sich."
Als Jakob das hörte, erschrak er. Er verteilte Leute und Vieh – auch die Kamele – auf zwei Karawanen; denn er dachte: Wenn Esau auf die eine trifft und alles niedermetzelt, wird wenigstens die andere gerettet. Dann betete Jakob: „Gott meines Großvaters Abraham und meines Vaters Isaak! Du hast zu mir gesagt: ‚Kehr in deine Heimat und zu deiner Familie zurück; ich beschütze dich und lasse es dir gutgehen.' Herr, ich bin es nicht wert, daß du mir so viel Gutes getan und deine Zusage wahrgemacht hast. Ich besaß nur einen Wanderstock, als ich den Jordan überschritt, und nun komme ich zurück mit zwei Karawanen. Rette mich doch jetzt vor meinem Bruder Esau! Ich habe solche Angst. Er wird uns alle umbringen, auch die Frauen und Kinder. Du hast mir doch versprochen: ‚Ich beschütze dich; ich lasse es dir gutgehen. Deine Nachkommen sollen so zahlreich werden wie die Sandkörner am Meeresstrand, die niemand zählen kann.'"

Gen 32,4–13

Jakobs Gedanken kreisen jetzt nur noch um eines: das Zusammentreffen mit seinem Bruder Esau. Sicher, die Zeit heilt Wunden. Das hatte auch seine Mutter Rebekka gemeint, als sie ihn zu Laban schickte. Aber ganz sicher ist er sich nicht. Der Betrug um das Erstgeburtsrecht war zu groß, das vergißt man nicht so leicht. Deshalb schickt Jakob eine Gesandtschaft zu seinem Bruder Esau, sie soll testen, wie Esau sich verhält. Auch möchte sich Jakob bei ihm ins rechte Licht setzen, sein Mitleid erregen. Deshalb schärft er der Gesandtschaft ein, was sie zu Esau sagen sollen: Esau grüßt er als Herrn, er selbst ist der Knecht, der Gnade vor seinen Augen erlangen möchte. Der Bruder erniedrigt sich also total vor seinem Bruder. Fast scheint diese Demut ein wenig zu dick aufgetragen. Doch Jakobs Rechnung geht nicht auf. Die Gesandtschaft meldet ihm, daß Esau vom Herannahen seines Bruders gehört habe und bereits mit vierhundert Mann ihm entgegenziehe. Was tun in dieser fatalen Lage? Jakob teilt seine Leute und seine Herden in zwei Gruppen, um wenigstens etwas zu retten. In seiner Not wendet er sich alsdann an Jahwe; schon immer hat Not beten gelehrt. Jahwe, der ihm doch immer zur Seite stand seit Bet-El, ihm immer half, wird auch diesmal seine Macht zeigen.
Wird sich aber Esau versöhnen lassen? Wird er seinen Bruder wieder gnädig annehmen?

Jakob ringt mit Gott

Mitten in der Nacht stand Jakob auf und überschritt mit seiner ganzen Familie an einer seichten Stelle den Jabbokfluß. Seine Frauen und Nebenfrauen, die elf Söhne und alle seine Herden brachte er glücklich auf die andere Seite. Nur er allein blieb zurück.
Da trat ihm ein Mann entgegen und kämpfte mit ihm bis zum Morgengrauen. Als der andere sah, daß sich Jakob nicht niederringen ließ, gab er ihm einen Schlag auf das Hüftgelenk, so daß es sich ausrenkte. Dann sagte er zu ihm: „Laß mich los, es wird schon Tag!"
Aber Jakob erwiderte: „Ich lasse dich erst los, wenn du mich gesegnet hast."
„Wie heißt du?" fragte der andere, und als Jakob seinen Namen nannte, sagte er: „Du sollst von nun an nicht mehr Jakob heißen. Du hast mit Gott und mit Menschen gekämpft und hast gesiegt; darum wird man dich Israel nennen."
Jakob bat ihn: „Sag mir doch deinen Namen!" Aber er sagte nur: „Warum fragst du?" und segnete ihn.
„Ich habe Gott selbst gesehen", rief Jakob, „und ich lebe noch!" Darum nannte er den Ort Penuël. Als Jakob den Kampfplatz verließ, ging eben die Sonne auf. Er hinkte wegen seiner Hüfte. Bis zum heutigen Tag essen die Israeliten, wenn sie Tiere schlachten, den Muskel über dem Hüftgelenk nicht, weil Jakob auf diese Stelle geschlagen wurde. Gen 32,23–33

Noch in der Nacht überquert Jakob mit seinen Frauen, Kindern und seinen Herden die Furt des Flusses Jabbok. Er selbst bleibt am Südufer zurück. Und Jakob, der seinem Bruder Esau zuvorkommen oder entfliehen wollte, läuft einem viel Gewaltigeren in die Arme, mit dem er hier gar nicht gerechnet hat: Jahwe selber. Er ringt mit Jakob bis zum Morgengrauen, und sonderbar, er kann ihn nicht bezwingen. Erst der Schlag Gottes auf das Hüftgelenk Jakobs und die Bitte an Gott loszulassen, beenden den Kampf. Doch der Sieg ist kein glänzender; hinkend und angeschlagen verläßt Jakob den geheimnisvollen Kampfplatz. Sein Sieg ist einzig, daß er noch am Leben ist und von seinem Gott gesegnet wurde, allerdings nicht als Jakob, sondern als Israel. „Du hast mit Gott und den Menschen gekämpft und hast gesiegt; darum wird man dich Israel nennen."
Damit hat Jakob von Gott einzig und allein aus Gnade die Weihe zum Stammvater des auserwählten Volkes erhalten.
Nun kann Jakob am heraufkommenden Morgen, von Jahwe gesegnet, mit einem neuen Namen versehen, sozusagen als neuer Mensch seinem Bruder entgegenziehen, allerdings hinkend! Und dieses Hinken wird ihn immer erinnern an diese Nacht des Ringens mit Gott!

Das Wiedersehen mit Esau

Da kam auch schon Esau mit seinen 400 Mann. Als Jakob ihn sah, stellte er die Kinder zu ihren Müttern. Er ließ die Nebenfrauen mit ihren Kindern vorangehen, dahinter kam Lea mit ihren Kindern, und zum Schluß Rahel mit Josef. Er selbst ging an der Spitze des Zuges und warf sich siebenmal zu Boden, bis er zu seinem Bruder kam.
Esau aber lief ihm entgegen, umarmte und küßte ihn. Beide weinten vor Freude. Als Esau die Frauen mit ihren Kindern sah, fragte er seinen Bruder: „Wen bringst du denn da mit?" „Das sind die Kinder, die Gott mir geschenkt hat", sagte Jakob. Die Nebenfrauen mit ihren Kindern traten herzu und warfen sich vor Esau nieder, ebenso Lea mit ihren Kindern, und zuletzt Rahel mit Josef.
„Was wolltest du denn mit den Herden, die du mir entgegengeschickt hast?" fragte Esau seinen Bruder.
„Ich wollte dir, meinem Herrn, ein Geschenk machen, damit du mich freundlich aufnimmst", erwiderte Jakob.
„Lieber Bruder", sagte Esau, „ich habe selbst genug. Behalte es doch!"
„Nein, nein!" sagte Jakob. „Wenn du mir nichts nachträgst, mußt du mein Geschenk annehmen. Als ich dich erblickte, war mir, als sähe ich Gott selbst, so freundlich bist du mir begegnet. Nimm es also an! Gott hat mir Glück gegeben, ich bin sehr reich geworden."

Gen 33,1–11

Nach dieser dramatischen Begegnung mit Jahwe in der Jabbokfurt soll nun die Begegnung mit dem eigenen Bruder Esau folgen. Kaum ist ein Kampf ausgestanden, soll der vermeintliche zweite folgen. – Der schlaue Jakob hat seine Großfamilie in Gruppen eingeteilt, während er die beiden Viehherden vorausgeschickt hat. Fast mutet es an, als wäre hier ein in alle Strategien eingeweihter Feldherr in Aktion. Jakob selbst geht seiner Familie voraus und wirft sich siebenmal, wie ein Bittender vor dem Pharao, vor seinem Bruder Esau zu Boden. Ist das Schlauheit oder Demut oder Berechnung? Doch gleich wird sich die große Spannung lösen. Der Gott Israels, den er um Rettung gebeten und der ihn gesegnet hat, lenkt alles ganz anders, als alle Schläue Jakobs vorbereitet hatte. Esau beschämt seinen Bruder, der ihm einst so Schlimmes angetan, indem er ihm einfach um den Hals fällt und weint. Jakob, der Dieb des Erstgeburtsrechts, und Esau, der um alles Geprellte, liegen sich in den Armen. Esau muß erkennen, daß wirklich Gottes reichster Segen auf seinem Bruder ruht.
Nach der Huldigung der Frauen und Kinder Jakobs fragt Esau sofort, was es denn für eine Bewandtnis mit den Herden habe, die Jakob vorausgeschickt hatte. Geistesgegenwärtig lügt Jakob, „um Gnade in den Augen meines Herrn zu finden". Er will Esaus Wohlwollen mit einem Geschenk besiegeln und seinem Bruder dankbar sein. Zitternd ist Jakob seinem Bruder entgegengetreten, und der hat bisher von dem großen Unrecht, das er seinem Bruder angetan, noch nicht einmal gesprochen. Also großmütige Vergebung statt Vergeltung und Rache. Mit der Annahme des Geschenks, das Jakob seinem Bruder macht, ist die Versöhnung zwischen beiden besiegelt.

Der Abschied

Jakob drängte seinen Bruder so lange, bis er alles annahm. Dann schlug Esau vor: „Wir wollen weiterziehen! Ich werde dich begleiten."
Aber Jakob wehrte ab: „Du siehst selbst, daß die Kinder nicht so schnell gehen können. Außerdem muß ich die säugenden Schafe und Rinder schonen. Wenn ich sie nur einen Tag lang zu schnell treibe, wird mir die ganze Herde eingehen. Zieh darum ruhig voraus; ich werde dir nach Seïr folgen, so schnell es mit den Kindern und Tieren möglich ist." Esau wollte wenigstens ein paar von seinen Leuten als Begleitung zurücklassen, aber Jakob sagte: „Ich brauche sie wirklich nicht. Es genügt mir, wenn du mir auch künftig freundlich begegnest."
Esau machte sich auf den Rückweg nach Seïr, und Jakob zog weiter nach Sukkot (Hütten). Dort baute er sich ein Haus; für das Vieh machte er Schutzdächer aus geflochtenen Zweigen. Davon hat der Ort seinen Namen.
Schließlich kam Jakob wohlbehalten nach Sichem. Hier war er am Ziel seiner Reise, die er in Mesopotamien begonnen hatte. Vor der Stadt schlug er auf freiem Feld seine Zelte auf und kaufte das Grundstück für den Lagerplatz um 100 große Silberstücke von den Söhnen Hamors, des Gründers der Stadt. Er errichtete dort einen Altar und gab ihm den Namen „Gott ist der Gott Israels". Gen 33,11b–20

Man sollte meinen, nach einem solchen Zusammentreffen und nach so vielen Jahren der Trennung wären die beiden Brüder froh, ausgesöhnt beisammen zu sein. Doch möchte Jakob seinen Bruder Esau wieder schnell loswerden, als dieser ihm anbietet, ihn zu begleiten. Jakob scheint seinem Bruder immer noch nicht zu trauen. Er gebraucht deshalb fadenscheinige Ausflüchte, die Kinder könnten nicht so schnell mithalten, und das Vieh mit den säugenden Jungen könnte nicht so schnell vorangetrieben werden. Darauf bietet Esau seinem Bruder wenigstens ein paar Männer seiner Begleitung an, die mit ihm ziehen sollen. Doch auch das lehnt Jakob ab, er will allein seinem Bruder nach Seïr folgen. So nimmt Esau denn von seinem Bruder Abschied, es ist ein Abschied für immer.

Rahel stirbt bei Benjamins Geburt

Dann zog Jakob mit seiner Familie weiter. Als sie nur noch ein kleines Stück von Efrata entfernt waren, setzten bei Rahel die Wehen ein. Sie hatte eine sehr schwere Geburt. Während sie sich noch unter Schmerzen krümmte, rief ihr die Hebamme zu: »Freu dich, es ist wieder ein Sohn!« Aber Rahel spürte, daß es mit ihr zu Ende ging. Deshalb nannte sie das Kind Ben-Oni; aber sein Vater nannte es Benjamin. Rahel starb, und Jakob begrub sie dort an der Straße nach Efrata, das jetzt Betlehem heißt. Er errichtete auf ihrem Grab einen Stein, der noch heute als Grabmal Rahels gezeigt wird.
Dann zog er weiter und schlug seine Zelte hinter Migdal-Eder auf.

Gen 35,16–21

Ziel der langen Wanderung Jakobs mit seinen Frauen Kindern und Herden ist der Wohnsitz seiner Eltern in Hebron. Doch wiederum muß Jakob ein Opfer bringen. Seine Frau Rahel hatte sich bei der Geburt ihres Sohnes Josef einen weiteren Sohn gewünscht. Nun erfüllte Gott ihre Bitte. Doch um welchen Preis! Die Geburt bringt ihr den Tod. Die Hebamme will Rahel durch die Mitteilung trösten, daß sie einem Sohn das Leben geschenkt habe. Noch im Sterben gibt sie ihrem Sohn den Namen Ben-Oni – Schmerzenskind, Unheilskind. Doch Jakob läßt sich keine Trauer über den Tod seiner Lieblingsfrau anmerken, er nennt seinen Sohn Benjamin – Glückssohn. Das Grab Rahels markiert Jakob mit einem Stein.

Doch Jakob brach auf und schlug sein Zelt in Migdal-Eder auf.

קבר רחל
כה אמר ה'
קול ברמה נשמע נהי בכי תמרורים
רחל
על בניה
מאנה
בניה כי

DIE JOSEFSGESCHICHTE

Gen 37,1–50,26

Die *Josefsgeschichte* bildet den Abschluß des Buches Genesis.
Sie ist zutiefst Geschichte des Volkes Israel. Das Gesetz des Handelns ist dabei vom Erzvater Jakob-Israel auf seine Söhne, und hier besonders auf seinen Lieblingssohn Josef übergegangen. Es handelt sich dabei um eine Familiengeschichte, deren Gemeinschaft durch menschliche Schuld zerbricht. Aber ganz deutlich ist immer wieder die unergründliche, göttliche Vorsehung sichtbar, die alles scheinbare Ungemach zum Guten wendet.
Dieselben Brüder, die Josef verlachten, verspotteten und sogar töten wollten und dann nach Ägypten verkauften, dieselben Brüder werfen sich Jahre später vor ihrem Bruder nieder und bitten um Korn, ja sogar um ihr Leben.
Auf Wunsch des Pharaos kommt auch der Erzvater Jakob-Israel mit seiner ganzen Familie nach Ägypten, um hier zu einem starken Volk zu werden, das Jahwe wunderbar aus Not und Unterdrückung befreien wird.

Josef hat prophetische Träume

Jakob nahm seinen Wohnsitz im Land Kanaan, dem Land, in dem schon sein Vater als Fremder gelebt hatte.
Jakobs Sohn Josef war noch ein junger Bursche von siebzehn Jahren und half seinen Brüdern, den Söhnen Bilhas und Silpas, beim Hüten der Schafe und Ziegen. Er hinterbrachte seinem Vater alles, was seine Brüder trieben.
Jakob hatte ihn von allen seinen Söhnen am liebsten, weil er ihm erst im Alter geboren worden war. Deshalb ließ er ihm ein prächtiges Gewand machen. Als seine Brüder sahen, daß der Vater ihn mehr liebte als sie alle, wurden sie so neidisch, daß sie kein freundliches Wort mehr mit Josef redeten.
Einmal hatte Josef einen Traum. Als er ihn seinen Brüdern erzählte, wurden sie erst recht böse auf ihn. „Ich will euch sagen, was ich geträumt habe", fing Josef an. „Wir waren miteinander auf dem Feld, schnitten Getreide und banden die Ähren zu Garben zusammen. Plötzlich stellte sich meine Garbe auf und blieb stehen. Eure Garben stellten sich im Kreis um sie herum und verneigten sich tief vor meiner Garbe." Seine Brüder sagten zu ihm: „Du willst wohl noch König werden und über uns herrschen?" Weil er ihnen diesen Traum erzählt hatte, haßten sie ihn noch mehr.
Wieder hatte Josef einen Traum, und auch den erzählte er ihnen: „Ich habe noch einmal geträumt", sagte er. „Ich sah die Sonne, den Mond und elf Sterne, und alle verneigten sich tief vor mir." Als er diesen Traum seinem Vater und seinen Brüdern erzählte, wurde sein Vater unwillig und sagte zu ihm: „Was für einen Unsinn träumst du da? Du glaubst wohl, daß dein Vater, deine Mutter und deine Brüder sich vor dir in den Staub werfen?" Die Brüder waren eifersüchtig auf Josef; sein Vater aber mußte immer wieder über den Traum nachdenken. Gen 37,1; 2b–11

Esau hat sich endgültig im südlichen Gebirge Seir niedergelassen, Jakob dagegen läßt sich nach seiner Rückkehr aus Paddam-Aram (Gen 36,9) und nach der Beerdigung seines Vaters Isaak in Hebron im von Gott verheißenen Land Kanaan nieder. Die Söhne Jakobs hüteten seine Herden. Sein Sohn Josef ist inzwischen bereits 17 Jahre alt geworden. Jakob läßt seinem Lieblingssohn einen langen, buntgewirkten Leibrock machen, wie ihn die tragen, die keine schwere Arbeit zu verrichten haben. Wegen dieser Bevorzugung beginnen seine Brüder ihn zu beneiden und zu hassen, zumal er seinem Vater alles zuträgt, was sie an Bösem tun. Besonders die Söhne der beiden Nebenfrauen Jakobs, Bilha und Silpa, haben darunter zu leiden. Noch mehr aber verbittern sie die Träume, die Josef hat. Im ersten sieht er, wie sich beim Garbenbinden seine Garbe aufrichtet, die Garben der Brüder aber stellen sich um ihn und verbeugen sich vor ihm. In einem zweiten Traum sieht er, daß Sonne, Mond und Sterne sich vor ihm verneigen.
Als er die Träume seinem Vater und den Brüdern erzählt, schilt ihn sein Vater und fragt ihn, ob er denn glaube, daß seine Eltern und Brüder sich vor ihm zu Boden werfen sollen.
Aber seltsam, wie die Gottesmutter alle Worte in ihrem Herzen bewahrte, bewahrt hier der Vater das Wort. Es wird sich zeigen, daß letztlich doch alles zum Guten für die Jakobsfamilie hinausläuft.

IOSEPH: SOMINIAT

Die Brüder verkaufen Josef nach Ägypten

Einmal waren Josefs Brüder unterwegs; sie weideten die Schafe und Ziegen ihres Vaters in der Nähe von Sichem. Da sagte Jakob zu Josef: „Du weißt, deine Brüder sind mit den Herden bei Sichem. Ich möchte dich zu ihnen schicken." „Ich bin bereit", sagte Josef. Sein Vater gab ihm den Auftrag: „Erkunde, wie es deinen Brüdern geht! Sieh zu, ob bei den Herden alles in Ordnung ist, und bring mir dann Bescheid!"
So schickte Jakob ihn aus dem Tal von Hebron nach Sichem. Als er dort auf den Weiden umherirrte, traf ihn ein Mann und fragte ihn nach seinem Ziel. Josef sagte: „Ich suche meine Brüder; kannst du mir sagen, wo sie ihre Herden weiden?" Der Mann antwortete: „Sie sind nicht mehr hier. Ich hörte, wie sie sagten: ‚Wir wollen nach Dotan gehen!'" Da ging Josef ihnen nach und fand sie in Dotan.
Die Brüder sahen Josef schon von weitem. Während er sich näherte, faßten sie den Plan, ihn zu töten. Sie sagten zueinander: „Da kommt der Kerl, dem seine Träume zu Kopf gestiegen sind! Schlagen wir ihn doch tot und werfen ihn in die nächste Zisterne! Wir sagen einfach: Ein Raubtier hat ihn gefressen. Dann wird man schon sehen, was aus seinen Träumen wird!"
Ruben aber wollte Josef retten. „Laßt ihn am Leben!" sagte er. „Vergießt kein Blut! Werft ihn in die Zisterne da drüben in der Steppe, aber tut ihm nichts zuleide." Er hatte die Absicht, Josef heimlich herauszuziehen und zu seinem Vater zurückzubringen.
Als Josef bei ihnen ankam, zogen sie ihm sein Prachtgewand aus, packten ihn und warfen ihn in die Zisterne. In der Zisterne war gerade kein Wasser. Dann setzten sie sich zum Essen. Gen 37,12–25a

Die Söhne Jakobs sind mit ihren Herden auf der Suche nach Weideland bis nach Sichem heraufgezogen. Jakob, beunruhigt über den langen Verbleib der Söhne und der Herden, sendet ihnen Josef nach, um zu erfahren, wie es ihnen und dem Vieh ergeht. Nach einigem Umherirren findet Josef seine Brüder schließlich bei Dotan, zwölf Kilometer nördlich von Sichem. Schon von weitem sehen sie ihren Bruder in seinem bunten Ärmelgewand kommen. Und sie fassen den Plan, diesen unliebsamen Träumer einfach umzubringen. Nur Ruben, der Älteste und Erstgeborene, fühlt sich verantwortlich für den jüngsten Bruder und rät deshalb, Josef nicht zu töten, sondern in eine leere Zisterne zu werfen, aus der er ihn dann später befreien und seinem Vater zurückbringen wollte. Doch ist Ruben hier nur Werkzeug Jahwes.

Für zwanzig Silberstücke ...

Auf einmal sahen sie eine Karawane mit ismaëlitischen Kaufleuten aus der Richtung von Gilead herankommen. Die Ismaëliter waren auf dem Weg nach Ägypten; ihre Kamele waren mit den kostbaren Harzen Tragakant, Mastix und Ladanum beladen. Da sagte Juda zu seinen Brüdern: „Was nützt es uns, wenn wir unseren Bruder umbringen? Wir werden nur schwere Blutschuld auf uns laden. Lassen wir ihn leben und verkaufen ihn den Händlern; er ist doch unser Bruder!" Die anderen waren einverstanden.
So verkauften sie Josef für 20 Silberstücke an die Ismaëliter, die ihn nach Ägypten mitnahmen.

Gen 37,25b–28

Für zwanzig Silberstücke, dem ordentlichen Preis für einen jugendlichen Sklaven zu damaliger Zeit, verkaufen also die Brüder Josef an die ismaëlitischen Kaufleute, die sich auf dem Weg nach Ägypten befinden. Juda hat sich also auch auf die Seite Rubens geschlagen, auch er will keine Blutschuld auf sich laden. So verdankt Josef sein Weiterleben nur der Scheu der Brüder vor dem Blutvergießen. Josef, der in seinen Träumen von der Herrschaft geträumt hatte, muß nun als Sklave nach Ägypten. Gottes Mühlen mahlen langsam, aber sicher!

Josef in Potifars Haus

Die Ismaëliter brachten Josef nach Ägypten. Dort verkauften sie ihn an einen Einheimischen namens Potifar, einen Hofbeamten des Pharaos, den Befehlshaber der königlichen Leibwache. Josef wurde im Haus beschäftigt und war so immer in Potifars Nähe. Der Herr aber half Josef, so daß ihm alles glückte, was er tat. Das fiel Potifar auf. Er bevorzugte Josef und machte ihn zu seinem persönlichen Diener; er übergab ihm sogar die Aufsicht über sein Hauswesen und vertraute ihm die Verwaltung seines ganzen Besitzes an. Von da an lag der Segen des Herrn auf Potifar; Josef zuliebe ließ der Herr im Haus und auf den Feldern alles gedeihen. Potifar überließ Josef alles und kümmerte sich zu Hause nur noch um sein eigenes Essen. Weil Josef sehr schön war, zog er die Blicke von Potifars Frau auf sich. Eines Tages forderte sie ihn auf: „Komm, schlaf mit mir!" Josef wies sie ab: „Mein Herr hat mir seinen ganzen Besitz anvertraut und kümmert sich selbst um nichts mehr in seinem Haus. Ich habe hier genausoviel zu sagen wie er. Nur eines hat er mir vorenthalten: dich, seine Frau. Wie könnte ich da ein so großes Unrecht begehen und tun, was Gott verboten hat?"

Tag für Tag redete sie auf Josef ein, aber er gab ihr nicht nach. Einmal hatte Josef im Haus zu tun; niemand von der Dienerschaft war gerade in der Nähe. Da hielt sie ihn an seinem Gewand fest und sagte: „Schlaf jetzt mit mir!" Er riß sich los und lief hinaus; das Gewand blieb in ihrer Hand zurück.

Sofort rief sie die Dienerschaft herbei und sagte: „Da schaut her! Mein Mann hat uns diesen Hebräer ins Haus gebracht, der nun seinen Mutwillen mit uns treibt. Er drang bei mir ein und wollte mich vergewaltigen. Als ich schrie, lief er schnell davon. Da ist sein Gewand, das er zurückgelassen hat!"

Als Potifar das hörte, packte ihn der Zorn. Er ließ Josef festnehmen und in das königliche Gefängnis bringen.

Gen 39,1–15; 19–20

„Jahwe war mit Josef". Diesen Satz könnte man als Motto über die nun kommenden Ereignisse für Josef in Ägypten setzen. Alles, was Josef tut, gelingt ihm. Und der Segen Jahwes wirkt sich nicht nur für ihn selbst aus, sondern auch für seinen Herrn Potifar. Das bemerkt sein Herr sehr bald, und er setzt Josef über seinen ganzen Besitz ein und schenkt ihm absolutes Vertrauen.

Aber schon baut sich vor Josef eine Gefahr in der Frau Potifars auf. Im Bibeltext lesen wir, daß Josef schön von Gestalt war, was in der Frau ein leidenschaftliches Begehren auslöste. „Er zog die Blicke Potifars Frau auf sich". Josef ist für diese vornehme Dame als Sklave eine Ware, über die sie meint verfügen zu können. Doch Josef scheut sich nicht, ihr das Unrecht ihres Ansinnens vor Augen zu stellen. Er begründet ganz entschieden vor der Frau seine Weigerung, er würde ein großes Unrecht begehen. Ehebruch galt in Israel als eines der schlimmsten Verbrechen. Darauf stand nach dem Gottesrecht die Todesstrafe für beide Partner. Josef beteuert, Ehebruch wäre ein Vertrauensbruch und krasse Undankbarkeit seinem Herrn und ihrem Gatten gegenüber. Doch die Frau hört nicht auf, Josef zu belästigen, um vielleicht doch zu ihrem Ziel zu kommen. Als ihre Verführungskünste fehlschlagen, wird sie handgreiflich. Als Josef wieder im Haus beschäftigt ist, meint sie, die Gelegenheit sei gekommen. Sie hält ihn am Gewand fest. Doch Josef kann nackt fliehen, selbst auf die Gefahr hin, von seinen Untergebenen so gesehen zu werden. Sein Gewand bleibt bei der Frau Potifars zurück, das sie raffiniert als Beweisstück neben sich liegen läßt. Sie vertauscht infam die Rollen und spielt sich nun als die vergewaltigte Frau auf. Leidenschaftliche, sinnliche Liebe ist in blanken Haß gegen Josef umgeschlagen. Außerdem wird sie zur meisterhaften Lügnerin, als ihr Mann heimkommt. Nach der Darstellungsweise der Frau ist Josef natürlich schuldig und muß ins königliche Gefängnis. Hier nun soll die Karriere Josefs beginnen, hier sollen seine Träume heranreifen, denn „Jahwe war mit Josef"!

Gott steht Josef im Gefängnis bei

Aber der Herr half Josef und verschaffte ihm die Gunst des Gefängnisverwalters. Der Verwalter übertrug Josef die Aufsicht über alle anderen Gefangenen, und alle Arbeiten im Gefängnis geschahen unter seiner Leitung. Der Verwalter vertraute Josef völlig und gab ihm freie Hand; denn er sah, daß der Herr ihm beistand und alles gelingen ließ, was er tat.
Bald danach ließen sich zwei höhere Beamte des Pharaos etwas gegen ihren Herrn zuschulden kommen, der Mundschenk und der oberste Bäcker. Der Pharao wurde zornig auf sie und ließ sie im Haus des Befehlshabers seiner Leibwache in Haft halten, in dem Gefängnis, in dem auch Josef war. Der Befehlshaber der Leibwache teilte ihnen Josef als Diener zu.

Gen 39,21–23; 40,1–4

Erneut spürt man, wie Jahwe mit Josef ist, auch und gerade jetzt, nachdem er sich so gesetzestreu verhalten hat und nun dafür Unbill ertragen muß. Praktisch wiederholt sich dasselbe, was schon im Hause seines Herrn Potifar geschah: war er dort Hausverwalter, so wird er jetzt bevorzugt und wird die rechte Hand des Gefängnisaufsehers. Weil Jahwe es so will, schenkt auch sein neuer Herr ihm absolutes Vertrauen und die höchste Stellung, die er im Gefängnis zu vergeben hat. Was immer wieder als Mißgeschick aussah, waren nur Stationen auf dem Weg, den Jahwe seinen Auserwählten führte. Man ahnt geradezu, daß Josef bald im Kerker Karriere machen wird.
Wie oft hat Gott unser Gebet nicht so erhört, wie wir es uns gewünscht hatten. Und wie oft mußten wir später einsehen, daß es so, wie Gott es gefügt hatte, für uns besser war. Vertrauen auf Gottes Führung zahlt sich immer wieder aus.

Josef deutet Träume

Nach einiger Zeit hatte jeder der beiden in der Nacht einen Traum, der ihm besonders wichtig erschien. Als Josef am Morgen bei ihnen eintrat, sah er, daß sie bedrückt waren. „Warum laßt ihr heute den Kopf hängen?" fragte er sie. „Wir haben geträumt", antworteten sie, „und hier im Gefängnis haben wir keinen Traumdeuter, der uns sagen kann, was es bedeutet." Josef sagte: „Nur Gott weiß, was Träume bedeuten. Erzählt mir doch einmal, was ihr geträumt habt!"
Zuerst erzählte der Mundschenk seinen Traum: „Ich sah vor mir einen Weinstock mit drei Ranken. Der Saft stieg in die Knospen, sie blühten auf, und schon reiften die Trauben. Ich hatte den Becher des Pharaos in der Hand. Ich nahm die Trauben, preßte sie über dem Becher aus und reichte sie dem Pharao."
Josef erklärte ihm den Traum: „Die drei Ranken bedeuten drei Tage. Heute in drei Tagen wird der Pharao dich erhöhen und wieder in dein Amt einsetzen. Dann wirst du ihm genau wie früher den Becher reichen. Aber vergiß mich nicht, wenn es dir gut geht! Tu mir den Gefallen und empfiehl mich dem Pharao, damit er mich aus diesem Haus befreit. Ich bin ohne jede Schuld im Gefängnis. Man hat mich aus dem Land der Hebräer entführt, und auch hier in Ägypten habe ich nichts Unrechtes getan." Gen 40,4b–15

Zwei hohe Beamte des Pharaos, der Oberste Mundschenk und der Oberbäckermeister haben sich den Zorn ihres Herrn zugezogen und müssen ins Gefängnis des Obersten der Leibwache, dort, wo auch Josef wegen der Frau des Potifar eingesperrt ist. Josef, als hebräischer Sklave, wird den beiden als Diener zugeteilt.
Beide hohen Gefangenen hatten nun nachts einen Traum. Als Josef morgens bei ihnen eintritt, sieht er, daß beide sehr bedrückt sind. Er fragt nach dem Grund ihrer miesen Stimmung. Die beiden Mitgefangenen erzählen Josef ihre Träume, damit er sie ihnen deute, da sie sonst keinen Traumdeuter zur Verfügung hätten. Josef sagt ihnen, daß Traumdeutungen einzig Sache Gottes seien. Die beiden Träume hingen mit der Tätigkeit der beiden zusammen. Ganz durchsichtig ist der Traum des Mundschenks. Die Deutung ergibt sich fast von selbst. Zu klären bleiben nur noch die drei Ranken, die Josef auf drei Tage Haft festsetzt. Dann werde der Mundschenk wieder, wie vorher, den Pharao bedienen dürfen. Josef sieht durch die Wiedereinsetzung des Mundschenks für sich selbst eine Chance, aus dem Gefängnis herauszukommen und bittet ihn, ein gutes Wort für ihn beim Pharao einzulegen, wenn er ihn wieder bedienen darf. Er sei ja unschuldig hier im Gefängnis, da er widerrechtlich im Lande der Hebräer verkauft worden sei.

Der Traum des Bäckers

Als der oberste Bäcker sah, daß Josef dem Traum des anderen eine so günstige Deutung gegeben hatte, sagte er: „Ich hatte einen ganz ähnlichen Traum. Ich trug auf dem Kopf drei aufeinandergestellte Körbe mit Gebäck. Im obersten Korb lagen Backwaren für die Tafel des Pharaos. Da kamen Vögel und fraßen den obersten Korb leer." Josef gab ihm die Erklärung: „Die drei Körbe bedeuten drei Tage. Heute in drei Tagen wird der Pharao dich erhöhen und an einen Baum hängen. Dann werden die Vögel dein Fleisch fressen."
Drei Tage später feierte der Pharao seinen Geburtstag. Er lud alle seine Hofbeamten zu einem Festmahl ein. Da erhöhte er den Mundschenk und den obersten Bäkker vor ihnen allen: den einen setzte er wieder in sein Amt ein und ließ sich von ihm den Becher reichen, den anderen ließ er hängen, genau wie Josef es vorausgesagt hatte.
Aber der Mundschenk dachte nicht an Josef; er hatte ihn schon vergessen. Gen 40,16–23

Mit dem Traum des Bäckers scheint es etwas komplizierter zu sein. Vögel fressen das für den Pharao bestimmte Backwerk, es befindet sich im obersten Korb, der ungeschützt den Vögeln das Backwerk gleichsam darbietet. Daß Josef beim ersten die Wiedereinsetzung als Mundschenk erkennt und beim Bäcker den sicheren Tod, ist nur von einer göttlichen Eingebung her verständlich. Josef hatte mit seiner Traumdeutung recht. Der dritte Tag ist der Geburtstag des Pharaos. Der Pharao läßt beide Gefangenen vor die zum Festmahl versammelten Beamten bringen. Und tatsächlich, den Mundschenk setzt er in sein altes Amt ein, den Bäcker läßt er hängen. Zur Begründung dieses Urteils wird im Text nichts gesagt.
Josef hatte gemeint, der Mundschenk würde ein gutes Wort für ihn beim Pharao einlegen, aber er muß vergebens warten, der Mundschenk hat ihn längst vergessen. Versprechungen werden nur zu gern vergessen, das ist durchaus menschlich. Doch Gott vergißt seinen Diener nicht!

Der Pharao hat einen Traum

Zwei Jahre später hatte der Pharao einen Traum. Er stand am Ufer des Nils, träumte er. Da stiegen sieben schöne, wohlgenährte Kühe aus dem Fluß und weideten in dem Schilf, das am Ufer wuchs. Nach ihnen stiegen sieben häßliche, magere Kühe aus dem Nil und stellten sich neben sie. Die mageren Kühe fielen über die fetten her und fraßen sie auf. Der Pharao wachte auf und schlief noch einmal ein. Wieder hatte er einen Traum. Er sah, wie auf einem einzigen Halm sieben schöne, volle Ähren wuchsen. Dann sah er sieben kümmerliche, vom Ostwind ausgedörrte Ähren aufwachsen. Die vertrockneten Ähren verschlangen die vollen. Da erwachte der Pharao und merkte, daß er geträumt hatte.
Er war über seine Träume sehr beunruhigt. Gleich am Morgen ließ er alle Gelehrten und Wahrsager Ägyptens rufen. Er erzählte ihnen, was er geträumt hatte, aber keiner von ihnen konnte ihm sagen, was es bedeuten sollte.
Da wandte sich der Mundschenk an den Pharao: „Ich muß den Pharao heute an meine früheren Verfehlungen erinnern. Mein Herr, der Pharao, war unzufrieden mit seinen Dienern, mit mir und dem obersten Bäcker, und ließ uns im Haus des Befehlshabers der Leibwache gefangenhalten. Dort hatten wir eines Nachts beide einen Traum, der uns bedeutungsvoll erschien. Wir hatten als Diener einen jungen Hebräer, einen Sklaven des Befehlshabers der Leibwache; dem erzählten wir unsere Träume, und er erklärte jedem, was sein Traum bedeutete. Und es ist alles genau so eingetroffen, wie er es vorausgesagt hatte: ich wurde wieder in mein Amt eingesetzt, und der andere wurde gehängt."

Gen 41,1–13

Zwei Jahre war es nun schon her, daß beim Geburtstag des Pharaos der Mundschenk in sein altes Amt eingesetzt und der Bäcker gehängt wurde. In seiner Freude hatte der Mundschenk die Bitte Josefs total vergessen, beim Pharao doch für ihn ein gutes Wort einzulegen.
Nun hatte der Pharao ebenfalls Träume, die ihn wegen ihrer Eigenart in Unruhe versetzten, zumal sie niemand deuten konnte, auch nicht seine Wahrsager, mit magischen Kräften Vertrauten, auch nicht die Wahrsagepriester, die Mitglieder einer besonderen ägyptischen Priesterklasse waren. Ratlos standen alle vor der Deutung dieser Träume ihres Herrn.
Da fällt dem Mundschenk des Pharaos Josef im Gefängnis ein. Er erinnert beschämt den Pharao an seine Verfehlungen und an seine Untersuchungshaft beim Obersten der Leibwache. Auch er und der Bäcker hätten damals jeder einen Traum gehabt, die der hebräische Sklave im Gefängnis spielend gedeutet habe, und so wie er es vorausgesagt hatte, sei alles eingetreten. Er wurde durch die Gunst des Pharaos wieder in sein Amt eingesetzt, und der Bäcker wurde gehängt. Vielleicht könne also Josef, der hebräische Sklave aus dem Gefängnis, helfen!

Josef deutet die Träume des Pharaos

Sofort ließ der Pharao Josef rufen. Man holte ihn aus dem Gefängnis; er ließ sich die Haare schneiden, zog seine guten Kleider an und trat vor den Pharao. Der sagte zu ihm: „Ich habe etwas geträumt, und niemand kann mir sagen, was es bedeutet. Man hat mir gesagt, daß du jeden Traum auf der Stelle deuten kannst."
„Nicht ich", erwiderte Josef, „das kann nur Gott. Er wird dem Pharao gewiß Gutes ankündigen." Da erzählte der Pharao, wie er im Traum am Nil stand und die sieben schönen, wohlgenährten Kühe aus dem Wasser steigen sah. „Und dann stiegen sieben andere Kühe heraus", fuhr er fort, „ganz elend und bis auf die Knochen abgemagert; ich habe in ganz Ägypten noch nie so häßliche gesehen. Die mageren Kühe fraßen die fetten; aber es half ihnen nichts, sie blieben so dürr und häßlich wie zuvor. Da wachte ich auf." Weiter erzählte der Pharao seinen zweiten Traum: wie die sieben kümmerlichen und vertrockneten Ähren die sieben prächtigen und vollen verschlangen. „Ich habe es schon den Wahrsagern erzählt", sagte er, „aber keiner konnte mir sagen, was es bedeutet."
Da sagte Josef: „Gott hat dem Pharao im Traum gezeigt, was er vorhat. Beide Träume bedeuten dasselbe; es ist eigentlich ein einziger Traum. Die sieben fetten Kühe und die sieben prächtigen Ähren bedeuten sieben fruchtbare Jahre. Die sieben mageren, häßlichen Kühe und die sieben kümmerlichen, vertrockneten Ähren bedeuten ebenso viele Hungerjahre. Ich habe es schon gesagt: Damit will Gott dem Pharao ankündigen, was er in Kürze geschehen läßt. In den nächsten sieben Jahren wird in ganz Ägypten Überfluß herrschen. Aber dann kommen sieben Hungerjahre, da wird der ganze Überfluß vergessen sein. Der Mangel wird nichts von ihm übriglassen, und drückende Hungersnot wird im Land herrschen. Daß der Pharao zweimal das gleiche geträumt hat, bedeutet: Gott ist fest entschlossen, seinen Plan unverzüglich auszuführen."
Gen 41,14–32

Ungeachtet des gewaltigen Standesunterschiedes: hier alle Gelehrten und Priester der Umgebung des Pharaos und dort ein junger Mann aus einer verachteten Volksgruppe, ein Sklave aus dem Volk der „Sandbewohner", er soll die Träume des Pharaos deuten können, wo sie selbst alle versagt haben? Doch der Pharao reagiert positiv auf den Hinweis des Mundschenks und läßt Josef aus dem Gefängnis holen. Josef ist gleichsam seine letzte Hoffnung. Schnell wird Josef „hoffähig" gemacht. Er muß rasiert werden, die Haare werden ihm geschnitten, er, der Sklave, bekommt ein vornehmes Gewand angezogen, das ihn hoffähig macht. Nun darf er vor den Thron des Pharaos treten. Der Pharao erzählt ihm sofort seine Träume und erwartet ebenso schnell die Deutung, die Josef ja wohl nicht schwer fällt. Doch Josef korrigiert den Pharao höflich und sagt: „Das kommt nicht mir zu, das ist Gottes Sache!" Von Gott erwartet er eine Antwort, die gewiß Gutes ankündigt.
Nun erzählt der Pharao Josef seine Träume bis in die letzten Einzelheiten. Am Schluß bescheinigt er den Traumdeutern und Spezialisten ihre Unfähigkeit, einen Traum von solch staatspolitischer Bedeutung nicht deuten zu können.
Josef sieht die beiden Träume des Pharaos als einen einzigen. Jahwe will den Pharao auf etwas Kommendes aufmerksam machen. Die sieben fetten und sieben mageren Kühe deutet Josef als sieben gute Erntejahre und sieben Hungerjahre. Die Hungerjahre sind für das ganze Land die große Gefahr, auf die Jahwe den Pharao hinweisen wollte.

Josef wird Stellvertreter des Pharaos

„Darum rate ich dem Pharao, einen klugen, einsichtigen Mann zu suchen und ihm Vollmacht über ganz Ägypten zu geben."
Der Vorschlag überzeugte den Pharao und seine Berater. „Gott hat diesem Mann seinen Geist gegeben", sagte der Pharao zu ihnen. „Wir finden keinen, der es mit ihm aufnehmen kann." Zu Josef sagte er: „Gott hat dir dies alles enthüllt. Daran erkenne ich, daß keiner so klug und so einsichtig ist wie du. Du sollst mein Stellvertreter sein, und mein ganzes Volk soll dir gehorchen. Nur die Königswürde will ich dir voraushaben. Ich gebe dir die Vollmacht über ganz Ägypten."

Gen 41,33; 37–41

Was kann der Pharao nun tun? Josef erlaubt sich, dem Pharao einen Rat zu geben, was er angesichts der prekären Lage tun könnte. Josef meint, der Pharao möge für die kommenden Hungerjahre durch eine einmalige Erhebung des Fünften während der sieben guten Erntejahre vorsorgen. Er möge zu diesem Zweck einen klugen, einsichtigen Mann suchen und ihm Vollmacht über ganz Ägypten geben. Er möge gleichsam als Ernährungsminister die Einsammlung und Speicherung des Getreides in den guten Erntejahren vornehmen lassen. Der Vorschlag überzeugt den Pharao und seinen Hofstaat. Aber wo soll man einen solch klugen und einsichtigen Mann finden, den er mit diesem Amt betrauen könnte? Eben haben ja seine Traumdeuter und die Priesterklasse jämmerlich versagt und als die Weisen bei der Deutung der Träume keine Antwort gewußt. Versager sind sie alle!
Die Traumdeutung Josefs hat den Pharao und seine Umgebung so überzeugt, daß er das vorgeschlagene Amt des Wirtschaftsministers nur einem übertragen kann, der wirklich klug und einsichtig ist, nämlich Josef. Und nun überschlagen sich die Ereignisse. Josef wird zum Senkrechtstarter. Eben noch hebräischer Sklave im Gefängnis und nun mit einem Schlag der zweite Mann in Ägypten! So unglaublich das alles klingt, aber zu damaliger Zeit war das möglich! Josef ist nun Stellvertreter des Pharaos, und ganz Ägypten muß ihm, Josef, gehorchen! Ausdrücklich bestätigt der Pharao, daß allein Jahwe ihm alles enthüllt hätte, und er versteht auch, warum die Weisen seines Landes hier einfach versagen mußten.

Josef erhält die Insignien eines Vizekönigs von Ägypten

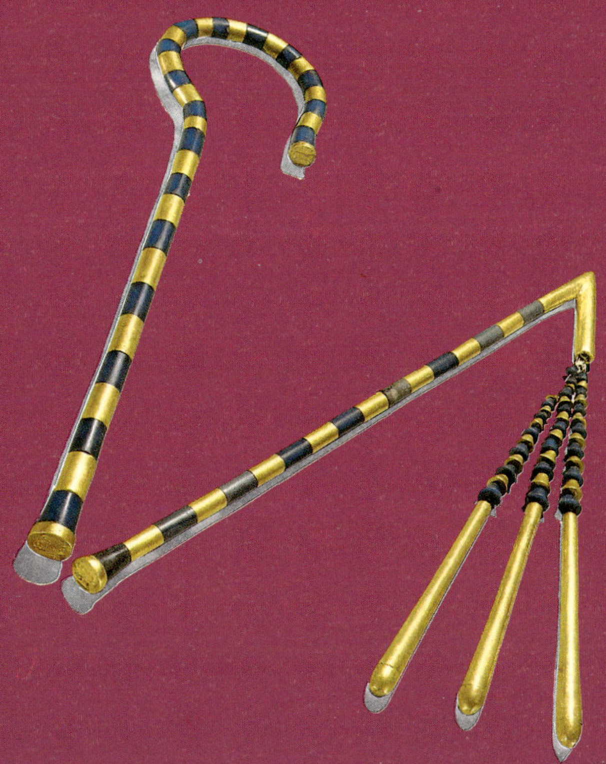

Mit diesen Worten zog er seinen Siegelring vom Finger und steckte ihn Josef an. Dann ließ er ihn in feinstes Leinen kleiden und legte ihm eine goldene Halskette um.
Gen 41,42

„Abrek! Aus dem Weg!"

Er ließ ihn den Wagen besteigen, der für den Stellvertreter des Königs bestimmt war, und die Läufer, die vor ihm her den Weg bahnten, riefen den Leuten zu: „Abrek! Aus dem Weg!" Gen 41,43

Als Vizekönig darf Josef den Wagen des Zweiten im Reich besteigen. Erst die Hyksos brachten den schnellen Kriegswagen nach Ägypten und ebenso den Prunkwagen für besondere Anlässe. Dieser Wagen wurde mit besonders erlesenen Pferden bespannt. In der Zeit vor dem Hyksoseinfall war es in Ägypten nicht üblich, daß der Lenker des Staates einen Wagen besaß.

Josef heiratet die Tochter des Priesters von On

Er gab Josef den Namen Zafenat-Paneach und verheiratete ihn mit Asenat, der Tochter des Priesters Potifera von On. Gen 41,45a

Der Pharao versieht auch Josef mit einem neuen Namen: Zefenat-Paneach, der in der ägyptischen Sprache etwa „Es spricht der Gott: er lebt" heißt, oder freier übersetzt: „Der Mann, der die Dinge weiß". Die erste Deutung würde dann darauf hinweisen, daß Josef, obwohl von seinem Vater betrauert, vor Jahwe dennoch lebt, und die zweite Interpretation würde dann Josef als den begnadeten Deuter der Dinge ausweisen. Der Pharao sagte ja, daß in Josef der Geist Gottes wohne.

Der Pharao bestimmt auch für Josef eine Frau, es ist die Tochter des Oberpriesters von On, d. h. Heliopolis, mit Namen Asenat, was soviel bedeutet wie „Der Göttin Neit zugehörig". Der Oberpriester von On ist einer der vornehmsten Männer von ganz Ägypten. Wenn er nun die Tochter dieses Mannes heiraten darf, stärkt das ungemein den Einfluß auf die in Ägypten mächtige Priesterschaft.

So wird eine ägyptische Priestertochter zur Stammutter des Hauses Josef, d. h. von Manasse und Efraim, was niemals später als Makel empfunden wurde.

Als die Erhöhung Josefs zum Zweiten Mann in Ägypten stattfand, war er 30 Jahre alt, vermerkt ausdrücklich der Text der Bibel. Dreizehn Jahre hat er also warten müssen, bis sich erfüllte, was er geträumt hatte.

94-41170-6

Josef – Herr über ganz Ägypten

So machte der Pharao Josef zum Herrn über ganz Ägypten. „Ich bin und bleibe der Pharao", sagte er zu ihm, „aber ohne deine Erlaubnis darf niemand in ganz Ägypten auch nur die Hand oder den Fuß bewegen."
So wurde Josef Herr über ganz Ägypten. Er war damals, als der Pharao ihm dieses Amt übertrug, 30 Jahre alt.
Gen 41,43b–44; 45b–46a

Der Pharao überhäuft den Mann, den Jahwe ihm geschickt hat, nicht nur seine Träume zu deuten, sondern auch ganz Ägypten durch seine Klugheit und Umsicht vor dem Untergang zu bewahren, mit honorigen Staatsämtern. Er setzt Josef über sein Haus ein, d. h. er wird nun Vorsteher des königlichen Palastes. Mit diesem Amt ist er der zweithöchste Mann im Staat. Der Pharao behält sich nur seinen Thron vor, sonst hat Josef alle Gewalt in ganz Ägypten, keiner darf „Hand oder Fuß bewegen" ohne ihn. Das ist eine Machtfülle, die Josef nur durch die Gnade Jahwes erreichen konnte und die Erfüllung seiner Träume, wegen derer er von seinen Brüdern verlacht und gehaßt wurde. Nun werden sie doch kommen und vor ihm niederfallen.

Josef, der große Organisator

Josef, der neue Großwesir, erweist sich sehr schnell als geschickter Organisator, der jederzeit seinen Untertanen mit Rat und Tat zur Seite steht. Bis zum heutigen Tag wird in einem Gebiet Ägyptens der Name Josefs in Ehren bewahrt. Man nennt es „das ägyptische Venedig" und meint damit das fruchtbare Gebiet von Faiyúm südlich von Kairo. In dieser üppigen Oase gedeihen Weintrauben, Orangen, Mandarinen, Zitronen, Pfirsiche und Oliven. Ein großer See bietet Wasser genug. Weiterhin bringt ein 334 Kilometer langer Kanal das Wasser vom Nil in dieses Gebiet. Wo sonst Wüste wäre, gedeiht ein üppiger Garten. Der Kanal wird heute noch „Bahr Yusuf" „Kanal des Josef" genannt. Das Volk erzählt, der biblische Josef habe ihn angelegt.

Die große Hungersnot bricht herein

Als die sieben reichen Jahre vorüber waren, brachen die Hungerjahre an, genau wie Josef es vorausgesagt hatte. In allen Ländern außer Ägypten herrschte Hungersnot. Auch in Ägypten hungerten die Menschen und verlangten vom Pharao Brot. Da ließ er im ganzen Land verkünden: „Wenn ihr Brot wollt, dann wendet euch an Josef und tut, was er euch sagt." Die Not wurde immer drückender. Josef ließ die Kornspeicher öffnen, so daß die Ägypter Getreide kaufen konnten. Aber auch aus allen anderen Ländern kam man zu Josef nach Ägypten; denn überall herrschte Hunger.
Als Jakob erfuhr, daß es in Ägypten Getreide gab, sagte er zu seinen Söhnen: „Was steht ihr untätig herum? Ich habe gehört, daß man in Ägypten Getreide bekommen kann. Reist hin und kauft uns welches, sonst werden wir noch verhungern!" Da reisten alle Brüder Josefs nach Ägypten, nur Benjamin, den zweiten Sohn Rahels, behielt sein Vater zu Hause. Er hatte Angst, daß auch ihm etwas zustoßen könnte. Gen 41,53–57; 42,1–4

Wie Josef es dem Pharao vorausgesagt hatte, traf alles ein. Zunächst kamen die Jahre mit dem Erntesegen. Josef ließ den Fünften des jeweiligen Ertrages in Getreidespeicher bringen. Die Ernten waren in diesen Jahren gut. Jahwe sorgte auch für ein Land, das ihn nicht als den höchsten Herrn und Gott verehrte, „um Josefs willen". Und Josef verwaltet diesen göttlichen Segen aus der Kraft Jahwes.
Noch bevor die Hungersnot hereinbrach, wurden Josef zwei Söhne geboren, Manasse und Efraim.
Als nun die sieben Jahre der guten Ernten vorüber waren, trat die Hungersnot ein, wie Josef es vorausgesagt hatte. Nun kann Ägypten von den Vorräten zehren, die Josef angelegt hatte. Und nicht nur Ägypten, die ganze Erde bedrückt diese Hungersnot. So kommen auch die angrenzenden Völker zu Josef um Getreide, und er wird gleichsam zum Retter der Menschheit. Der Pharao verweist immer wieder auf Josef: „Gehet zu Josef!" Der Pharao verweist also die Menschen, die zu ihm kommen, an den ausländischen ehemaligen Sklaven und Hebräer.
Der Pharao gilt doch als Sohn des Sonnengottes Horus, er mag seinem Gott opfern, soviel er wolle, er wird keine Erhörung finden. Jahwe, der Gott Israels, ist „mit Josef", er ist der Gott der Heilsgeschichte, der Offenbarung, der einzig wahre Gott.

Die Brüder erkennen den Bruder nicht

Josef hatte die Macht im Land; bei ihm mußten alle vorsprechen, die Getreide kaufen wollten. Als nun seine Brüder hereinkamen und sich vor ihm zu Boden warfen, erkannte er sie sofort. Er ließ sich aber nichts anmerken und behandelte sie wie Fremde. „Woher kommt ihr?" fragte er sie streng. „Wir kommen aus dem Land Kanaan", antworteten sie, „wir möchten Getreide kaufen."
Die Brüder erkannten ihn nicht. Als Josef sie sah, fiel ihm ein, was er einst von ihnen geträumt hatte. Er fuhr sie an: „Spione seid ihr! Ihr wollt erkunden, wo das Land ungeschützt ist." „Nein, nein, Herr!" riefen sie. „Wir sind nur hierher gekommen, um Getreide zu kaufen. Wir sind Brüder, lauter ehrliche Leute, wir sind keine Spione!" Aber Josef blieb hart: „Das ist nicht wahr", sagte er, „ihr wollt erkunden, wo das Land ungeschützt ist."
Josef ließ sie ins Gefängnis bringen. Am dritten Tag sagte er zu ihnen: „Wenn ihr wirklich ehrliche Leute seid, so laßt mir einen von euch als Geisel im Gefängnis zurück, während ihr anderen euren hungernden Familien Getreide bringt. Wenn ihr mir dann euren jüngsten Bruder herschafft, will ich euch glauben und euch das Leben schenken.
Die Brüder waren damit einverstanden. Sie sagten zueinander: „Das ist die Strafe für das, was wir unserem Bruder Josef angetan haben. Seine Todesangst ließ uns ungerührt."
Josef kamen die Tränen, und er mußte sich abwenden. Als er wieder sprechen konnte, ließ er Simeon festnehmen und vor ihren Augen fesseln. Dann befahl er seinen Leuten, die Säcke der Brüder mit Getreide zu füllen und jedem das Geld, mit dem er bezahlt hatte, wieder oben in den Sack zu legen. Er ließ ihnen auch noch Verpflegung für die Reise mitgeben. Als das geschehen war, luden die Brüder ihre Säcke auf die Esel und machten sich auf den Heimweg.

Gen 42,6–12; 17–18a; 19–21a; 24–26

Als die mageren Jahre begannen und der Hunger immer weiter um sich griff, öffnete Josef die Getreidesilos, und Menschen aus aller Welt kamen nach Ägypten, um bei Josef Getreide zu kaufen.
Als auch Jakob erfuhr, daß man in Ägypten Getreide kaufen könne, schickte er seine Söhne an den Nil. Nur Benjamin, der Bruder Josefs, mußte daheim bleiben, da Jakob fürchtete, es könne ihm ähnlich wie Josef etwas zustoßen. Jetzt erfullt sich der Traum Josefs, um den seine Brüder ihn damals verlacht hatten, buchstäblich. Als sie nach Ägypten kommen, verneigen sie sich vor Josef, den sie nicht erkennen, bis zur Erde. Josef erkennt sie sofort, fährt sie hart an und beschuldigt sie, Spione zu sein, die das Land Ägypten auskundschaften wollen. Doch sie beteuern, nur Getreide für sich und ihre Familie kaufen zu wollen. Sie beteuern immer wieder, redliche Menschen zu sein und erzählen ihre ganze Familiengeschichte, daß sie zwölf Brüder seien, von denen der Jüngste noch beim Vater sei und einer nicht mehr lebe. Doch Josef läßt sie ins Gefängnis werfen.
Nach drei Tagen läßt er sie wieder vorführen und teilt ihnen mit, daß er einen von ihnen als Geisel behalten wolle, die anderen aber heimkehren könnten und Korn für ihre Familien mitnehmen dürften. Dazu sind sie bereit und erkennen darin die Strafe für das Leid, das sie ihrem Bruder angetan hatten. Josef versteht sehr wohl, was sie zueinander sagen, obwohl er sich eines Dolmetschers bedient. Simeon läßt er ins Gefängnis bringen, die übrigen neun dürfen mit dem Getreide wieder in die Heimat zurückkehren. Als sie in einer Herberge einen Sack öffnen, um die Esel zu füttern, finden sie das Geld, das sie für das Getreide bezahlt haben, obenauf liegen.

Heimkehr und Sorgen

Als sie zu ihrem Vater Jakob nach Kanaan kamen, berichteten sie ihm alles, was sie erlebt hatten. „Der Mann, der die Macht in Ägypten hat, empfing uns sehr ungnädig“, erzählten sie. „Wir seien Spione, sagte er. Wir wehrten uns und sagten: ‚Wir sind ehrliche Leute, zwölf Brüder; einer von uns ist tot, und der Jüngste ist bei unserem Vater im Land Kanaan geblieben.‘ Da verlangte er, daß wir zum Beweis unseren jüngsten Bruder mitbringen sollten. Dann dürften wir uns ungehindert im Land bewegen. Simeon hat er solange als Geisel bei sich behalten. Aber Getreide für unsere Familien gab er uns mit und ließ uns unbehelligt abziehen.“
Als sie die Säcke leeren wollten, fand jeder seinen Geldbeutel oben im Sack. Jakob stand dabei, und alle erschraken. Jakob sagte: „Ihr raubt mir meine Kinder! Josef ist weg. Simeon ist weg, und jetzt wollt ihr mir auch noch Benjamin nehmen. Nichts bleibt mir erspart!“
Da sagte Ruben zu seinem Vater: „Wenn ich Benjamin nicht gesund zurückbringe, darfst du meine beiden Söhne töten. Vertraue ihn mir an! Ich bringe ihn dir bestimmt wieder zurück.“ Gen 42,29–37

Als die Brüder wieder nach Kanaan zu ihrem Vater heimkehren, erzählen sie ihm alles von dieser wundersamen Reise. Als sie dann ihr Getreide, das sie mitgebracht haben, ausschütten, finden sie überall in den Säcken das Geld, das sie für das Getreide bezahlt haben. Sie können sich das nicht erklären und haben Angst.
Jakob bringt es nicht übers Herz, den Brüdern für eine erneute Reise Benjamin mitzugeben. Zwei Söhne hat er nun schon verloren, Josef und Simeon, der in Ägypten im Gefängnis sitzt, und nun soll er auch noch Benjamin, seinen Jüngsten, opfern. Er klagt: „Nichts bleibt mir erspart!“
Haben wir nicht schon oft in ähnlichen Situationen zu Gott gesagt: „Warum immer gerade ich?“ Und haben wir nicht auch schon oft einsehen müssen, daß es gut war, wie Gott es gefügt hatte!?
So können wir es auch hier im Fortgang der Josefsgeschichte sehen.

Jakob läßt Benjamin mitziehen

Nach einiger Zeit war der Vorrat, den Josefs Brüder aus Ägypten mitgebracht hatten, aufgezehrt; aber die Hungersnot hielt weiter an. Da sagte Jakob zu seinen Söhnen: „Geht wieder nach Ägypten und kauft uns neues Getreide!" Aber Juda gab zu bedenken: „Der Ägypter hat ausdrücklich erklärt: ‚Ihr dürft nicht ohne euren Bruder zurückkommen.' Deshalb gehen wir nur, wenn du uns Benjamin mitgibst, sonst bleiben wir hier. Ohne ihn dürfen wir uns nicht vor dem Mann blicken lassen."

Ihr Vater erwiderte: „Wenn es unbedingt sein muß, dann nehmt ihn mit. Bringt aber dem Ägypter als Geschenk etwas von den Schätzen unseres Landes: Honig, Pistaziennüsse, Mandeln und dazu die kostbaren Harze Mastix, Tragakant und Ladanum. Nehmt auch doppelt Geld mit, damit ihr das, was ihr in euren Säcken wiedergebracht habt, zurückgeben könnt; vielleicht war es ein Versehen. Und dann nehmt euren Bruder Benjamin und macht euch auf den Weg.

Die Brüder nahmen das Geld und die Geschenke und reisten mit Benjamin zu Josef nach Ägypten. Als Josef sah, daß sie Benjamin mitgebracht hatten, sagte er zu seinem Hausverwalter: „Führe diese Männer in meinen Palast! Sie sind heute mittag meine Gäste. Schlachte ein Tier für sie und bereite es zu!"

Als nun Josef nach Hause kam und sie rufen ließ, brachten sie ihm die Geschenke und warfen sich vor ihm nieder. Josef fragte nach ihrem Ergehen. „Und wie geht es eurem alten Vater, von dem ihr mir erzählt habt?" wollte er wissen. „Lebt er noch?" Sie antworteten: „Unserem Vater, deinem ergebenen Diener, geht es gut; er ist noch am Leben." Noch einmal verneigten sie sich und warfen sich vor Josef nieder.

Da erblickte Josef seinen Bruder Benjamin, den Sohn seiner eigenen Mutter. „Das ist also euer jüngster Bruder, von dem ihr mir erzählt habt!" sagte er, und zu Benjamin: „Gott segne dich, mein Sohn!" Mehr brachte er nicht heraus.

Gen 43,1–5; 11–13; 15–16; 26–30a

Am nächsten Morgen werden die Gäste früh mit ihren getreidebeladenen Eseln auf den Heimweg geschickt. Auf Befehl Josefs hat man auf jeden Getreidesack das Kaufgeld gelegt und in Benjamins Sack außerdem noch den silbernen Becher Josefs. Als die Brüder bereits die Stadt verlassen haben, läßt Josef sie verfolgen und als Diebe in den Palast zurückbringen. Derjenige, in dessen Sack sich sein Becher befinde – so Josef – solle als Sklave in Ägypten zurückbleiben.

Dieses Los hätte nun Benjamin getroffen. Doch Juda setzt sich sofort für seinen jüngsten Bruder bei Josef ein. Er selbst wolle für Benjamin hierbleiben, denn sein Vater würde es vor Kummer nicht überleben, wenn gerade Benjamin nicht wieder zurückkäme.

Als der Vorrat an Korn, den die Brüder aus Ägypten mitgebracht hatten, aufgebraucht und ein Ende der Hungersnot noch nicht abzusehen ist, schickt Jakob seine Söhne ein zweites Mal nach Ägypten. Doch ohne Benjamin wollen sie nicht fortziehen. Als Juda sich für ihn verbürgt, gibt Jakob endlich nach und läßt Benjamin mitziehen. Er gibt ihnen Geschenke für den Mann in Ägypten mit und läßt sie den doppelten Kaufpreis an Geld mitnehmen.

Als Josef sie zusammen mit Benjamin sieht, läßt er sie in seinen Palast führen und ein Mahl bereiten, das er mit ihnen zusammen einnehmen will. Als Josef eintritt, überreichen sie ihm die vom Vater mitgegebenen Geschenke und werfen sich vor ihm nieder. Interessant, daß das der Text eigens zweimal heraushebt, gleichsam als Erfüllung des Traumes, den Josef schon als Bub hatte.

Josef erkundigt sich, wie es dem Vater geht und wendet sich dann seinem Bruder Benjamin zu, dem er den Segen Jahwes als seinem Sohn wünscht. Dann läßt er das Mahl auftragen und ißt und trinkt mit ihnen zusammen, bis sie heiter werden.

Josef gibt sich seinen Brüdern zu erkennen

Als Josef mit seinen Brüdern allein war, brach er in Tränen aus. Er weinte so laut, daß die Ägypter es hörten, und bald wußte der ganze Hof des Pharaos davon. „Ich bin Josef!" sagte er zu seinen Brüdern. „Lebt mein Vater noch?" Aber sie brachten kein Wort heraus, so fassungslos waren sie.
Er rief sie näher zu sich und wiederholte: „Ich bin euer Bruder Josef, den ihr nach Ägypten verkauft habt! Erschreckt nicht und macht euch keine Vorwürfe deswegen. Gott hat mich hierher nach Ägypten gebracht, um euer Leben zu retten. Zwei Jahre herrscht nun schon Hungersnot, und es kommen noch fünf Jahre, in denen man die Felder nicht bestellen und keine Ernte einbringen kann. Deshalb hat Gott mich vorausgeschickt. Es ist sein Plan, euch hier in diesem Land das Leben zu erhalten und euch und eure Nachkommen auf diese ungewöhnliche Weise zu retten. Nicht ihr habt mich hierhergebracht, sondern Gott. Er hat es so gefügt, daß ich die rechte Hand des Pharaos geworden bin und sein ganzer Hof und ganz Ägypten mir unterstellt ist. Macht euch schnell auf den Weg und bringt meinem Vater die Botschaft: ‚Dein Sohn Josef läßt dir sagen: Gott hat mich zum Herrn über ganz Ägypten gemacht. Komm hierher zu mir, besinn dich nicht lange! Bring deine Kinder und Enkel mit, deinen Besitz und all dein Vieh, Schafe, Ziegen und Rinder. Du kannst in der Provinz Goschen wohnen, ganz in meiner Nähe. Die Hungersnot dauert noch fünf Jahre. Ich werde für euch sorgen, damit ihr keine Not leidet.'"

Gen 45,2–11

Nun kam Josef nicht länger an sich halten. Er schickt alle Bediensteten aus dem Saal und bricht in Tränen aus, als er mit seinen Brüdern allein ist. Dann sagt er den fassungslosen Brüdern, daß er Josef, ihr Bruder sei. Er ruft sie noch näher zu sich heran und wiederholt: „Ich bin Josef, euer Bruder, den ihr nach Ägypten verkauft habt!" Aber gleich beschwichtigt er seine Brüder, sie sollen sich keine Vorwürfe machen, denn Gott selbst habe hier seine Hand im Spiel gehabt, um sie und ihre Nachkommen vor dem Hungertod zu retten. Dreimal wiederholt Josef, daß Jahwe ihn nach Ägypten gebracht habe, daß er durch ihn die rechte Hand des Pharaos geworden sei.
Die Brüder mögen sich schnell auf den Weg machen, um dem Vater die Kunde zu bringen, daß Josef lebe und der erste Mann im Staate sei. Jakob solle sich mit seiner ganzen Verwandtschaft und seinem ganzen Reichtum an Vieh aufmachen und nach Ägypten kommen, er könne ganz in seiner Nähe wohnen, denn die Hungersnot werde noch weitere fünf Jahre andauern.

Der Pharao läßt Jakob nach Ägypten holen

Als am Hof des Pharaos bekannt wurde, daß Josefs Brüder gekommen waren, freuten sich der Pharao und seine Minister. Der Pharao ließ Josef rufen und gab ihm die Anweisung: „Sag deinen Brüdern, sie sollen ihre Tiere beladen, ins Land Kanaan reisen und ihren Vater und ihre Familien mitbringen. Sie dürfen im fruchtbarsten Gebiet Ägyptens wohnen und bekommen das Beste zu essen, was in Ägypten wächst. Mache Gebrauch von deiner Vollmacht und gib ihnen auch Wagen mit für ihre Frauen und die kleinen Kinder und besonders für euren Vater, damit sie bequem hierherreisen können. Sie sollen ihren Haushalt ruhig zurücklassen. Sie werden dafür hier das Beste bekommen, was Ägypten zu bieten hat."
Die Brüder waren damit einverstanden. Josef gab ihnen Wagen und Verpflegung für die Reise mit.
Die Brüder kamen zu ihrem Vater Jakob und berichteten ihm: „Josef lebt! Er ist Herr über ganz Ägypten!" Aber ihr Vater saß starr und ohne jede Bewegung; er glaubte ihnen nicht. Sie erzählten ausführlich, wie es ihnen ergangen war und was Josef ihnen aufgetragen hatte. Sie zeigten ihm auch die Wagen, die er für ihn mitgeschickt hatte. Da endlich kam Leben in Jakob. „Kein Wort mehr!" rief er. „Josef lebt noch? Ich muß hin und ihn sehen, ehe ich sterbe!"

Gen 45,16–21; 25–28

Schnell hatte es sich im Palast des Pharaos herumgesprochen, daß die Brüder Josefs gekommen waren und bei Josef weilten. Josef hatte den Vater eingeladen zu ihm zu kommen, aber auch der Pharao seinerseits lädt den Vater und die Brüder ein, nach Ägypten zu kommen. Welch großartige Geste des Pharaos für seinen Ersten Mann im Staate! Die Brüder dürfen nun reich vom Pharao beschenkt und versorgt, darüber hinaus mit der persönlichen Einladung des Pharaos an den Vater, wieder heimkehren. So hat ihr Geschick durch den Willen Jahwes plötzlich eine Wendung genommen. Und wie besorgt Josef um seinen Vater ist! Das Beste Ägyptens ist ihm für den alten Mann gerade gut genug. Ja, er schickt ihm sogar für die bevorstehende Ägyptenreise einen eigenen Reiseproviant.
Wie oft kann man gerade heute genau das Gegenteil erleben. Möglichst die alten Eltern abschieben in ein Altersheim, aber ja nicht zu sich holen und sie bei sich wohnen lassen. Die alten Eltern könnten ja nur stören. Gibt Josef hier nicht ein schönes Beispiel?
Auch die Brüder werden reich beschenkt mit Festgewändern. Benjamin bekommt gleich fünf Garnituren Kleider und darüber hinaus 300 Silberstücke. Auch das ist von seiten Josefs eine Vergeltung zum Guten. Hatten seine Brüder ihn nicht wegen seines Ärmelkleides einst gehaßt?
Abschließend ermahnt Josef seine Brüder, sich unterwegs nicht zu ereifern. Keiner von ihnen ist besser als der andere; außer Benjamin waren sie alle an seinem Verkauf nach Ägypten beteiligt, jeder auf seine Art. Keiner kann sich reinwaschen.
Als die Brüder heimkommen, ist die größte Neuigkeit, die sie dem Vater mitbringen, die, daß Josef lebe. Doch der Vater kann ihnen nicht glauben, er reagiert starr, ohne Bewegung. Wer einmal lügt, dem glaubt man nicht, und wenn er auch die Wahrheit spricht! Vielleicht ist das auch eine Strafe Jahwes. Doch sie verweisen auf die Geschenke und Wagen, die Josef mitgeschickt hat. Langsam gewinnt der Vater wieder Vertrauen in das, was seine Söhne ihm erzählen. Der Totgeglaubte und vom Vater so Betrauerte lebt, ja es steht sogar ein Wiedersehen mit ihm bevor. Jakob will zu seinem Sohn, er will ihn sehen und dann sterben.

Jakob steht vor dem Pharao

Als Jakob und seine Söhne bei Josef in Ägypten angekommen waren und der Pharao davon hörte, sagte er zu Josef: „Dein Vater und deine Brüder sind also angekommen! Du kannst über ganz Ägypten verfügen. Laß sie im besten Teil des Landes wohnen!"
Josef brachte seinen Vater zum Pharao und stellte ihn vor. Jakob begrüßte den Herrscher mit einem Segenswunsch. Der Pharao fragte ihn nach seinem Alter und Jakob erwiderte: „Hundertunddreißig Jahre lebe ich jetzt als Fremder auf dieser Erde. Mein Leben ist kurz und leidvoll im Vergleich zu dem meiner Vorfahren, die heimatlos wie ich auf dieser Erde lebten." Jakob verabschiedete sich vom Pharao mit einem Segenswunsch.
Wie der Pharao befohlen hatte, ließ Josef seinen Vater und seine Brüder in der Gegend von Ramses, im besten Teil des Landes, wohnen und gab ihnen dort Grundbesitz. Er sorgte auch dafür, daß seine Angehörigen Brot zugeteilt bekamen, jede Familie nach ihrer Kopfzahl.

Gen 47,6–12

Jakob hat sich mit all seinen Angehörigen und seiner Habe auf den Weg nach Ägypten gemacht. In Bersabee bringt er Jahwe, dem Gott der Verheißung, ein Opfer dar. Nachts erscheint ihm dort Jahwe und sagt zu ihm: „Ich bin der Gott deines Vaters. Zieh unbesorgt nach Ägypten! Ich will deine Nachkommen dort zu einem großen Volk machen. Ich werde mit dir gehen und dich auch wieder zurückbringen, und wenn du stirbst, wird dir Josef die Augen zudrücken."
Sie ziehen dann weiter mit ihren Herden und ihrem ganzen Besitz und kommen nach Ägypten. Juda wird von Jakob vorausgeschickt, daß er ihre Ankunft bei Josef melde. Josef führt seinem Vater entgegen. Weinend fällt er seinem Vater um den Hals und Jakob sagt: „Jetzt sterbe ich gern, ich habe dich wiedergesehen und weiß, daß du lebst."
Josef führt seinen Vater zum Pharao und stellt ihn vor. Nach einem kurzen Gespräch verabschiedet sich Jakob wieder mit einem Segenswunsch. Die ganze Sippe wohnt nun im Lande Goschen, wo Josef seinem Vater Grundbesitz gegeben hat. Josef sorgt für seine Angehörigen und läßt ihnen nach ihrer Kopfzahl Brot zuteilen, denn die Hungersnot dauert ja noch an.

Jakobs letzter Wille

Nun waren also die Israeliten nach Ägypten gekommen. Sie lebten in der Provinz Goschen und wurden sehr zahlreich.
Jakob lebte noch siebzehn Jahre in Ägypten und erreichte ein Alter von 147 Jahren. Als er sein Ende nahen fühlte, ließ er seinen Sohn Josef rufen und sagte zu ihm: „Wenn du mich liebst, dann erfülle mir den Wunsch und begrabe mich nicht in Ägypten. Laß mich im Tod mit meinen Vorfahren vereint sein: Bring mich von hier weg und begrabe mich dort, wo auch sie begraben sind.“ Josef versprach es ihm, aber sein Vater sagte: „Leg deine Hand zwischen meine Beine und schwör es mir!“ Josef tat, was sein Vater verlangt hatte. Dann ließ Jakob sich auf sein Lager zurückfallen. Bald darauf starb er.
Dann brachten die Söhne Jakobs ihren Vater nach seinem Wunsch in das Land Kanaan und begruben ihn bei Machpela, östlich von Mambre, in der Höhle, die Abraham von dem Hetiter Efron als Familiengrab erworben hatte.
Nachdem Josef seinen Vater begraben hatte, kehrte er mit seinen Brüdern und allen, die ihn begleitet hatten, nach Ägypten zurück. Gen 47,27–31; 50,12–14

Ägypten, die scheinbare Fremde, wird so durch Jahwes Willen zur Wiege des Gottesvolkes. Siebzehn Jahre darf Jakob noch mit seinem Sohn Josef in Ägypten zusammenleben und wird so 147 Jahre alt. Als Jakob sein Ende herannahen fühlt, läßt er Josef schwören, daß sein Leichnam in Kanaan begraben werde, im Grab der Väter in der Höhle von Machpela. Dann gibt er seinen Söhnen seinen besonderen prophetischen Segen. Nach dem Tod seines Vaters läßt Josef den Leichnam einbalsamieren und bringt ihn mit großem Trauergefolge nach Kanaan und begräbt seinen Vater in Machpela neben dem Erzvater Abraham.
Nach der Beerdigung kehrt Josef mit seinen Brüdern wieder nach Goschen zurück, wo er weiter für sie sorgt.

Josef blieb mit allen Nachkommen seines Vaters in Ägypten. Er wurde 110 Jahre alt und sah noch die Enkel seines Sohnes Efraïm; er erlebte es auch noch, wie seinem Enkel Machir, dem Sohn Manasses, Söhne geboren wurden, und nahm sie feierlich in seine Sippe auf.
Als Josef sein Ende kommen fühlte, sagte er zu seinen Brüdern: „Gott wird euch nicht vergessen. Er wird euch wieder in das Land zurückbringen, das er Abraham, Isaak und Jakob mit einem Eid versprochen hat. Wenn das geschieht, dann nehmt auch meine Gebeine von hier mit." Die Brüder mußten es Josef schwören. Dann starb er im Alter von 110 Jahren. Sein Leichnam wurde einbalsamiert und in Ägypten in einen Sarg gelegt. Gen 50,22–26

Der Erzvater Jakob hat das bei Sichem erworbene Land seinem Lieblingssohn Josef vermacht. Josef vergaß dieses Erbe nie, auch nicht, als er in Amt und Würden in Ägypten war. Bevor er stirbt, nimmt er seinen Brüdern den Eid ab, ihn auf seinem Land bei Sichem zu bestatten, und als deren Söhne zusammen mit Josua in das verheißene Land ziehen, begraben sie die Gebeine Josefs auf seinem Land (Jos 24,32). Schon in den ersten nachchristlichen Jahrhunderten war die Lage des Josefgrabes bekannt, das noch heute 200 Meter östlich von Sichem gezeigt wird. Es gleicht einem moslemischen Heiligengrab. Es ist ein kleiner, aus Bruchsteinen errichteter Bau mit einem Kuppeldach. In der Mitte befindet sich der Sarkophag Josefs, mit einem blauen Tuch bedeckt. Die niedrigen, ebenfalls mit einem blauen Tuch verkleideten Säulenstümpfe an den beiden Enden sind nach samaritanischer Tradition die Kenotaphe (Grabmal für einen Toten, der dort nicht begraben ist) für Manasse und Efraim, die Stammväter der Samariter.

INHALT

ERLEBTE BIBEL – GENESIS 25,11–50,26

Seite

Fotonachweis:

Alle Fotos in diesem Band stammen vom Verfasser,
P. Damasus Bullmann ofm, mit folgenden Ausnahmen:

Redaktionsarchiv des „ANTONIUS": Seite 25, 45, 55, 57, 66, 67, 68, 69,
71, 73, 79, 81;
Hans Patzelt, München: Seite 27, 35;
Missio München: Seite 29, 41, 43.